Johann Heinrich Voss

Luise

Ein ländliches Gedicht in drei Idyllen

Johann Heinrich Voss

Luise
Ein ländliches Gedicht in drei Idyllen

ISBN/EAN: 9783743691346

Hergestellt in Europa, USA, Kanada, Australien, Japan

Cover: Foto ©Thomas Meinert / pixelio.de

Weitere Bücher finden Sie auf **www.hansebooks.com**

Luise.

Ein ländliches Gedicht

in drei Idyllen.

Von

Johann Heinrich Voß.

Mit Zeichnungen von Paul Thumann, in Holz geschnitten
von R. Brend'amour.

Berlin,
G. Grote'sche Verlagsbuchhandlung.
1867.

Immer noch bilden die unsterblichen Werke unserer Denker und Dichter das werthvollste Nationalgut des deutschen Volkes; immer noch haben wir in ihnen ein festes Band unserer Einheit, schöpfen aus ihnen die Zuversicht einer gedeihlichen Zukunft. Denn durch sie wissen wir, daß ein bedeutendes geistiges Leben durch unser Volk geht, daß wir selbst inmitten einer Entwickelung stehen, die uns hebt und trägt, die jeden Einzelnen einreiht in das Ganze eines naturgemäßen, nothwendigen Bildungsprocesses. Und wahrscheinlich wird noch manches Jahr vergehen, ehe wir müde werden dürfen, auf die zweite Hälfte des achtzehnten Jahrhunderts als auf das goldene Zeitalter unserer Poesie zu blicken. Daher ist es recht und billig, daß wir die Edelsteine dieses nationalen Schatzes immer wieder neu fassen und auf alle Weise die Liebe und das Verständniß jener Dichtungen unter uns zu beleben und zu vertiefen suchen. Diesem Zwecke ist auch die mit diesem Buche beginnende Sammlung geweiht. Sie soll das Beste enthalten, was wir besitzen; sie will durch die hinzugefügte bildliche Darstellung das Interesse erhöhen und durch vorangeschickte Einleitungen das Verständniß erleichtern. Wenn der Kreis classischer Werke mit Voß' Luise begonnen wird, so bedarf die Wahl dieses Gedichts keiner Rechtfertigung. Mannigfach angegriffen und herabgesetzt, scheint die Luise doch in der Liebe der Nation eine sichere Stelle zu haben. Immer aufs Neue wird sie gedruckt und gelesen, und spiegelt sie uns zum Theil veraltete Sitte, so gibt sie doch auch ein getreues Bild des norddeutschen Stilllebens in jener Zeit und enthält zugleich im engen Rahmen einer Idylle so viel frische und herzliche Empfindung, so viel ehrenfeste, männliche Gesinnung, daß sich das deutsche Volk gewiß noch lange daran erfreuen wird.

Jedenfalls war Johann Heinrich Voß aus dem Kreise der Göttinger Dichter der einzige, dem eine dauernde Einwirkung auf seine Zeit nachzurühmen ist. Eine gewisse Ueberschwänglichkeit lag in der Empfindungsweise jener Jahrzehnte. Ein unverkennbarer Fortschritt nach der Dürre und Langweiligkeit der vorhergegangenen Epoche, schlug dieselbe doch in eine Weichheit, Formlosigkeit und gemachte Feierlichkeit um, für welche uns das Organ bereits abgeht. Klopstock war das Idol dieser Zeit; wie mit religiöser Andacht blickten die Dichter des Hainbundes zu ihm auf, und wer Voß' Briefe aus den Jahren 1771 bis 75 nachliest, findet gerade hierin die lebendigsten Schilderungen einer Art von Ueberspanntheit, die uns wenig erfreulich berührt. Von dem klaren Geiste des ungleich größeren Zeitgenossen Lessing ist hier nichts zu spüren. Man ergeht sich in der allgemeinsten Freiheits- und Vaterlandsbegeisterung, der jedes bestimmte Ziel, jeder reale Hintergrund fehlt. Man gefällt sich so in der Seligkeit der eignen Empfindung, daß jedes Gedicht das Gepräge ungewöhnlicher innerer Erregung zeigt, ohne daß dem gewaltigen Pathos ein bedeutender Inhalt entspräche; man versetzt sich selbst ununterbrochen in einen solchen Grad künstlicher Wärme, daß es zur Bildung klarer Gestalten, zu durchsichtigem Fortschritte der Handlung und der Gedanken nicht mehr kommt; kurz daß ein verständiger Leser, wie Lessing einmal von Klopstock sagte, über lauter Empfindung gar nichts mehr empfand. In jenen Oden der beiden Stolberge, in den Gedichten eines Hahn, eines Cramer, oder gar in der süßlichen Thränenwelt eines Miller finden wir eben so wenig Erbauliches für uns, als in Klopstocks Bardieten, Oden oder Messias. Wäre Voß auf dem Standpunkte seiner Jugendjahre geblieben, man könnte auch von ihm nichts Anderes sagen, und zu einer so gesunden, von frischem Realismus gesättigten Schöpfung, wie die Luise ist, wäre er nie befähigt worden. Aber die Tüchtigkeit seiner berben Natur schützte ihn vor der Krankheit seiner Freunde. Hölty starb an der Schwindsucht, welche man seinen weichen, schwermüthigen Liedern schon anzuhören glaubt. In den Stolbergen entwickelte sich aus dem unklaren Pathos jener Mysticismus, der den einen zur Abschwörung seines Glaubens und zur Verläugnung aller geistigen Freiheit führte. Will man Bürger herziehen, so hinderte den die sittliche Schwäche seines Wesens, seine genialen Anlagen richtig zu nutzen. Voß ging aus der Schwärmerei seiner Universitätsjahre als ein ganzer Mann, als ein tüchtiger Gelehrter, als ein zwar nicht großer, aber doch wackerer und gesunder Dichter hervor. Dazu trug denn freilich die schwere Schule seiner Knaben = und Jünglingsjahre nicht wenig bei. Wie mühselig mußte sich nicht der mecklenburgische Bauernsohn sein tägliches Brot verdienen! wie kümmerlich arbeitete er sich durch die lateinische Schule, durch die Erniedrigungen einer Hauslehrerstelle auf dem Gute eines mecklenburgischen Junkers! Aber über allen Druck des Lebens trug ihn die frische Begeisterung, die er aus den Studien schöpfte, und schon in Neubrandenburg auf der lateinischen Schule ergriff ihn der Geist des classischen Alterthums, welchen ihm der wackere Conrector Bodinus erschloß, derselbe, dem Fritz Reuter das schöne Denkmal in „Dörchläuchting" gesetzt hat. Aber auch in die Musik führte ihn jener ein und durchs ganze Leben ist ihm diese Kunst eine treue Begleiterin und eine tüchtige Gehülfin, auch für sein dichterisches Schaffen, geblieben.

Wenn sich aber Voß eine so ehrenvolle Stelle in der Geschichte unseres literarischen Lebens errang, so dankte er das der liebevollen Beschäftigung mit den Alten, vor allem mit den Griechen. Zweierlei war es, was der Göttinger Dichter von diesen lernte: einmal, das volle Verständniß für rhythmischen Wohllaut und die Gesetze des Metrums; dann aber besonders, daß der Dichter nur dasjenige schöpferisch zu gestalten vermag, was in seiner Zeit und in seinem Innern wirkliches Leben hat. So vermochte er das leere, formlose Pathos der Klopstockschen Richtung zu überwinden, und trachtete fortan danach, der traulichen und gesunden Behaglichkeit einen poetischen Ausdruck zu geben, welche sich das deutsche Volk in seinem Familienleben trotz aller politischen Spaltung und Zerfahrenheit bewahrt hatte. Denn gerade die gemüthliche Seite der Homerischen Poesie war es, die ihn vorzugsweise anzog: die Treuherzigkeit des göttlichen Sauhirten Eumäos, die natürliche Anmuth der Nausikaa, die wohlthuende Wärme des häuslichen Lebens im Lande der Phäaken, wie in Ithaka, der derbe Humor in dem Abenteuer mit dem Kyklopen, — das sind die Stellen der Odyssee, die ihn vor allem ansprachen; man sieht das deutlich aus seinen Briefen. Es ist immer die ungeschminkte Natur, welche ihn fesselt. Mit Recht erscheint ihm das sichtliche Wohlgefallen, womit der altgriechische Sänger seine Helden bis in die unbedeutenden Verrichtungen des Alltagslebens begleitet, sie essend und trinkend vorführt, sich ankleiden läßt u. dgl. — alle diese echt epischen und naiven Züge erscheinen ihm wahrer und poetischer als die Sentimentalität so vieler Zeitgenossen, und wenn die natürlichen Dinge unverhüllt und natürlich behandelt werden, so findet auch dieß in Voß' kräftigem, derb niedersächsischem Wesen den lebhaftesten Anklang. Hier berührt ihn der Zug des Jahrhunderts. Rückkehr zur Natur war der allgemeine Wahlspruch. Aber Voß hat von seiner Beschäftigung mit den Griechen den Vortheil, daß er nicht in Formlosigkeit oder gar Rohheit verfällt. Sein größtes Verdienst liegt allerdings nicht in seinen selbständigen Gedichten, sondern in seinen trefflichen Uebersetzungen, welche damals eine liebevolle Kenntniß des Alterthums in weitere Kreise trugen und unsern großen Dichtern die fruchtbarste Anregung boten. Aber Voß hatte auch aus seinen Alten gelernt, die Welt des eignen Gemüths dichterisch zu gestalten. Es war das freilich eine beschränkte Welt. Die Schwingungen gewaltiger Leidenschaft lagen ihr ebenso fern, als die großen Ereignisse des geschichtlichen Lebens; wer seine Lyrik mit der Goethes vergleicht, der kann keinen Augenblick darüber in Zweifel bleiben, wo die eigentliche Tiefe der Empfindung ist. Auch seine allgemeinen Betrachtungen über Menschenleben und Schicksal halten sich auf einer gewissen Linie des Gemeinfaßlichen, welche eigentliche Originalität ausschließt. Aber in dem engeren Kreise häuslichen Stilllebens ist er durchweg frisch, wahr, von wohlthätigster Wärme und Freundlichkeit des Herzens; in allen echt menschlichen Verhältnissen findet man ihn bieder, treuherzig, kernig; seine Weltanschauung steht auf der Höhe seiner Zeit. Männlich tritt er ein für die Freiheit des Glaubens und jeder wissenschaftlichen Forschung; kräftig kämpft er gegen allen unwürdigen Zwang im Leben und in der religiösen Ueberzeugung. Zugleich ist er eine durchaus pädagogische Natur. Wie er den größten Theil seines Lebens als praktischer Schulmann wirkte, so will er, sobald er die Feder ergreift, Bildung und Aufklärung in weiteren Kreisen verbreiten, und auch wo er in freier Dichtung Bilder gemüthlicher Häuslichkeit entwirft, spürt man, daß er seine Leser für die guten und segensreichen Mächte zu erwärmen sucht, die ihn durchs Leben geleiteten. Faßt man so den Dichter in seinem ganzen Wesen auf, als eine gesunde, kräftig und vielseitig wirksame, dabei grundwackere und biedere Natur, so wird man sich der freundlichen Beurtheilung anschließen, welche ihm Goethe nach dem Erscheinen seiner Gedichte in fünf Bänden (1802) in der Jenaischen Literaturzeitung widmete. — Und wenn wir in unseren Tagen besondere Freude an der poetischen Darstellung des niederdeutschen Lebens haben, wie sie uns der vortreffliche Fritz Reuter gibt, so werden wir zugeben müssen, daß Voß bereits einen ganz verwandten Ton angeschlagen hatte.

In der Luise aber haben wir ohne Zweifel sein poetisches Meisterwerk. Zur Idylle neigte seine ganze Individualität. Schon in Göttingen hatte ihn Theokrit angezogen; der große Gegensatz von einfach wahrer Naturschilderung zu Geßnerscher Affectirtheit war ihm klar geworden. Sein ganzes Gemüth hing an seiner Heimat, die Poesie des norddeutschen Tieflandes mit seiner weiten, wogenden Ackerflur, mit dem heimlichen Waldesdunkel und dem Schmucke der lachenden Seen hatte ihn früh begeistert. Diese Natur entzieht dem Menschen durch ihre Sprödigkeit und Rauhheit manchen Genuß. Aber sie weist ihn zugleich in die Gemüthlichkeit des Hauses und behaglich zusammenhaltender Geselligkeit. Schon manches frische Bild aus dieser schlichten und doch so anziehenden, gesunden Welt enthielten Voß' Gedichte. Alle waren unmittelbaren Eindrücken entsprungen. Die herzlichsten Beziehungen seines eignen Lebens sind es auch, die er in der Luise darstellt. An dem Neubrandenburger Landsee war des Knaben und Jünglings Sinn für die Natur erwacht; in der reizenden Umgebung von Flensburg spielt die einfache Idylle seiner Liebesgeschichte. In das stille Landleben von Wandsbeck, dann nach Otterndorf, endlich an den schönen Eutiner See führte er die Gattin. Mit ihr genoß er des glücklichsten Familienlebens. Am letzten Geburtstage, nach 49jähriger Ehe, sagte der Fünfundsiebzigjährige zu seiner Ernestine: Du bist mir noch immer eine Braut. Der

Schwiegervater, der ehrwürdige Boie, war das Urbild des Pfarrers von Grünau; der Name Grünau ist übrigens frei erdichtet. Auch Luisens Freundin Amalia war wohl zum Theil Portrait von F. Stolbergs erster Gattin, der Gräfin Agnes, mit der das Ehepaar in herzlicher Freundschaft lebte. Aber auch denjenigen seiner Zeitgenossen, denen Voß selbst viel verdankte, setzte er in der Luise ein Denkmal. Im Walde singen sie die „empfundenen Lieder von Stolberg, Bürger und Hagedorn, von Claudius, Gleim und Jacobi"; singen „O wunderschön ist Gottes Erde!" mit Hölty, „welcher den Tod anlacht, und beklagten Dich, redlicher Jüngling". Aber auch unsere großen Tonsetzer finden ihre Erwähnung; es ist ja ein zu dem Gesammtbilde deutschen Familienlebens unentbehrlicher Zug, daß die Hausmusik darin ihre Stelle habe. Man singt am Klavier; es sind besonders die Lieder und geistlichen Gesänge des mit Voß befreundeten trefflichen Johann Abraham Peter Schulz, an denen man sich erbaute (er war 1740 in Lüneburg geboren, lebte u. a. als Kapellmeister des Prinzen Heinrich in Rheinsberg, dann in Kopenhagen, endlich in Schwedt als Privatmann, wo er 1800 starb). Von ihm wird z. B. beim Hochzeitsmahle der schöne Chor aus der Athalia gesungen: „Laut durch die Welten tönt Jehovahs großer Name." Daneben aber wird Philipp Emanuel Bach, vor Allen Händel und Gluck mit hoher Verehrung genannt, von dem letzteren die wundervolle Melodie zu Klopstocks „Willkommen, o silberner Mond"; gelegentlich erwähnt wird auch Franz Benda wegen seines „männlichen Tons", ein Böhme, Grauns Nachfolger in Potsdam, Begründer einer soliden, weitverbreiteten Geigenschule. Aber auch seinen besten Freund, Ernst Theodor Johann Brückner, den er während seiner Hauslehrerzeit als Prediger eines nahen Dorfes kennen gelernt hatte und mit dem er später, wo Brückner Prediger in Neubrandenburg war, einen dauernden Briefwechsel unterhielt, hat Voß nicht vergessen. Derselbe hatte nämlich Predigten für Ungelehrte herausgegeben, aus denen bei Abwesenheit des Predigers in den Landgemeinden oft vom Küster vorgelesen wurde. Endlich ist auch der Malerin Angelika Kaufmann gedacht. Lüders' „Briefe vom Küchengarten" waren ein damals weitverbreitetes Buch.

Entstanden ist die Luise allmählich. Der älteste Bestandtheil ist die jetzige zweite Idylle, welche im Musenalmanach von 1783 unter dem Titel: „Des Bräutigams Besuch" erschien. Im Almanach von 1784 folgte dann erst „Das Fest im Walde". Der Deutsche Merkur von 1784 brachte die dritte Idylle. Diese erste Bearbeitung weicht sehr erheblich von dem späteren Texte ab. Der Dichter hat später außerordentlich viel hinzugefügt, auch vieles im Einzelnen zu feilen und zu bessern gesucht. Denn erst 1795 entschloß sich Voß auf Gleims dringendes Zureden*), seine Luise als Ganzes erscheinen zu lassen. Er hatte damals viel Freude an der neuen Bearbeitung, las die jedesmal fertigen Stellen seinem schwerkranken Schwager Rudolf Boie vor und erheiterte dem Sterbenden damit seine letzten Tage. Aber auch diese bei Nicolovius in Königsberg erschienene, in lateinischen Lettern gedruckte und mit vier Kupfern von Chodowiecki ausgestattete Ausgabe enthält noch nicht die gegenwärtige Luise. Erst die Ausgabe von 1807 hat ihr die Gestalt gegeben, in welcher wir sie jetzt lesen. Wie bei Voß' Homerübersetzung, kann man zweifeln, ob der poetische Werth des Werks durch die Nachbesserungen gewonnen hat. Bei einer Dichtung, in welcher die Handlung ohnehin sehr zurücktritt, wurde die mehrfache Ausmalung des Details, durch Einschiebung längerer Reflexionen und die Einflechtung entbehrlicher Episoden der Gang der Erzählung noch mehr zurückgehalten. Namentlich wurde auf die eingehende Beschreibung alles dessen, was zum materiellen Lebensgenusse gehört, mit jeder neuen Umarbeitung größere Ausführlichkeit gewandt.

So hat sich also beispielsweise die gegenwärtig zweite (eigentlich erste) Idylle in folgender Weise geändert. Der alte Pfarrer erwacht am Morgen. Es dauert in der Ausgabe letzter Hand acht Herameter länger, bis er sein Mütterchen herbeiklingelt. Der Dichter macht uns eingehender mit der Ausstattung des Zimmers bekannt; es wird die vertraute Studierstube mit der gläsernen Thüre des

---

*) Er schreibt bei Voß' Besuch in Halberstadt 1794 an dessen Frau: „Wir stürmen auf ihn, das herrliche Heldengedicht zu vollenden. Es wird ein Werk von großem Nutzen für die Menschheit." — Daher enthielt auch die erste Ausgabe eine poetische Widmung an Gleim, die 1807 nach Gleims Tod mit der späteren an den Herzog von Oldenburg vertauscht wurde.

Alkovens, der Lehnstuhl erwähnt; er hört in der Küche nicht nur das Feuer knistern und den Kessel brausen — auch „geschäftige Reb' und die rasselnde Mühle des Kaffees". Die Gattin flicht dann die früher fehlende Versicherung ein, daß sie unlängst die knarrende Thür geölt hat. Da der gute Alte sich verschlafen hat, so trieb er ursprünglich etwas, daß er bald in den Schlafrock käme, und der Traum, den er gehabt, wurde kürzer abgemacht; jetzt läßt er sich Zeit, seine Frau mit einer gewissen Ausführlichkeit daran zu erinnern, wie es einst gewesen, da er mit der Neuvermählten Abschied von den Eltern genommen; auch die Traurede, die er im Traume hält, ist länger, aber nicht gedankenreicher geworden. So erzählt ihm denn auch sein Erneſtinchen eingehend, was für Garn Susanne in der Küche abwindet. Dann aber bittet sie ihn nicht bloß, daß er noch im Bett bleibe, er soll auch noch ein Buch lesen, wobei dann Washington, Franklin und Homer erwähnt werden. So geht das weiter. Der Bräutigam kommt. 1783 trägt er eine graue Pikeſche, 1795 einen Reisemantel, 1807 hat er sich eine zottige Umhüllung, also doch wol einen Pelz angeschafft. Gleich in die erste Begrüßung flicht jetzt der künftige Schwiegervater eine längere Ermahnung ein, wie ein guter Seelsorger predigen müsse, als Verkünder reiner Menschlichkeit und werkthätiger Liebe, nicht aber zankend „um Geheim= niß oder um Satzung", und auch der „bescheidene Walter" hat Zeit, sehr ausführlich über seine Begegnung mit dem Schäfer, dem Jäger, dem Fischer zu berichten, bis er dem Papa sein türkisches Rohr überreicht. Vollends ehe er sich nach seiner Braut erkundigt, braucht er jetzt einige funfzig Hexameter, während er in der ersten Gesammt= ausgabe an etwa dreißig genug hatte, ursprünglich aber — gewiß am richtigsten — schon nach acht Versen „mit ängstlicher Stimme" nach Luise fragte. Von der Gräfin Amalia und ihrem Besuche ist in dem Musenalmanach gar nicht die Rede; auch die lange theolo= gische Unterhaltung zwischen den beiden Männern fehlte erst ganz; von jener kam schon 1794 hinein, offenbar um keine der Haupt= personen in der zweiten Idylle ganz bei Seite zu lassen; diese ist erst 1807 hinzugefügt. — Das Fest im Walde war von vornherein als der Zeit nach früher gedacht, wenn es auch später gedichtet ist, denn Walter ist hier noch Candidat und Hauslehrer im gräflichen

Hause. Endlich zerfällt jetzt die letzte Idylle in zwei Gesänge. Ihr Umfang hat sich gegen die älteste Fassung beinahe verdoppelt. — Wäre Voß, wie er eine Zeit lang vorhatte, dazu gekommen, sein Gedicht noch mehr zu erweitern, so würde er nicht nur an den Schluß, auch an den Anfang noch Stücke gefügt haben. Luisens Kindheit, darin ein Frühlingsfest, wobei der Pfarrer mit seinen Confirmanden einen Morgenspaziergang macht und die Sonne aufgehen sieht, ihre erste Bekanntschaft mit Walter sollten hinzukommen, aber auch nach der dritten Idylle eine feierliche Einsegnung in der Kirche und ein großes Fest auf dem gräflichen Schlosse, Hochzeitsgeschenke aller Dorfbewohner, endlich die Trennung der jungen Frau von ihren Gespielinnen und ihrer Heimat. Ja selbst die schon früher gedichtete Idylle, der siebzigste Geburtstag, sollte sich anschließen. Walter sollte als wohl bestallter und glücklich verheirateter Pfarrer von Selderf die Alten besuchen. Das ist Alles unausgeführt geblieben.

Man hat mancherlei an der Luise auszusetzen gefunden. Man hat — und dieß ist wol zuerst von A. W. Schlegel ausgesprochen — das große Gewicht getadelt, welches hier auf die alltäglichen Dinge des Lebens gelegt wird; man mißbilligt es, daß „die Musen hier allzusehr für die Haushaltung sorgen", daß das materielle Leben neben den höheren Interessen einen so breiten Raum einnimmt. Bekenntnißgläubige Christen aber nehmen Anstoß an dem theologischen Standpunkte des Pfarrers von Grünau, und Vilmar erklärt, wenn Voß wirklich in ihm das Ideal eines protestantischen Pfarrers habe zeichnen wollen, so sei das Gedicht völlig verfehlt.

Etwas Wahres liegt in jener ersten Ausstellung. Gegessen und getrunken wird in dem Pfarrhause allerdings viel und der Dichter weilt — wenigstens in den letzten Bearbeitungen — mit solchem Wohlgefallen bei den Schilderungen des materiellen Genusses, daß man dieselben gern ein wenig gekürzt sähe. Allein ernstlich können wir ihm doch darum nicht zürnen. Er bleibt hier durchaus auf dem Boden der Wirklichkeit. Das häusliche Leben der norddeutschen, zumal der niedersächsischen Familie wäre entschieden unvollkommen geschildert, wenn die Leute mit weniger Behagen und gesundem Appetit schmausten. Hierhin gehört auch ein gewisser Mangel an

Zartgefühl, der manchen verletzt hat. Junge Mädchen unserer feineren Gesellschaft würden allerdings schwerlich mitsingen, wenn das Lied zum Lob der Ehe im letzten Gesange angestimmt wird; die Zurichtung des Ehebetts wird mit sichtlichem Wohlgefallen beschrieben, und die ganze Tischgesellschaft, selbst die gepriesene Gräfin Amalia entlassen zum Schluß das Brautpaar mit Händeklatschen und Jubeln. Unsittlich ist hierin nicht das Mindeste — aber die Ungezwungenheit und das Behagen, womit diese Dinge behandelt sind, mag manchem zu weit gehen. Darüber ist nicht zu rechten. Genug, diese Züge gehören zur Eigenartigkeit unseres Dichters und der Menschen, die er schildert, und das wird man wenigstens zugeben müssen, daß er sich auch hierin vielleicht etwas derb, aber sicher kerngesund zeigt. Unrecht aber thut man Voß, wenn man ihm vorwirft, daß die geistigen Interessen der von ihm dargestellten Menschen darunter leiden. Es liegt einmal im Wesen realistischer Poesie, sofern sie sich überhaupt der Malerei des Stilllebens zuwendet, daß sie auch in die kleinen Verhältnisse freundliche Sonnenblicke fallen läßt, und wenn uns der Dichter Wohlgefallen an dem Gewöhnlichen und Alltäglichen einzuflößen versteht, so verdient er unsern Dank, sofern die höheren Bedürfnisse unseres Innern nicht dabei zu kurz kommen. Dieß aber ist in der Luise in der That nicht der Fall. Die einfachsten echt menschlichen Empfindungen, welche in dem Leben eines jeden ihre Weihe behalten — die Liebe der Eltern zu den Kindern, ihr Schmerz, da der Bräutigam die Tochter hinwegführt, und dabei wieder ihre Freude über des theuern Kindes Glück; die Seligkeit der Verlobten und Verbundenen; allgemeine Menschenliebe und echte Humanität im Verkehr mit den Untergebenen, die warme, kindliche Freude an der Natur, daneben die herzliche Theilnahme für das, was den Geist anregt, das Leben verschönert und adelt, und jede Regung des Herzens verklärt durch aufrichtiges, unerschütterliches Gottvertrauen: wie ist doch das Alles so innig und ergreifend geschildert! Will man aber den allzufreien religiösen Glauben des Pfarrers von Grünau anfechten, so dünkt uns, hierin liege ein besondrer Vorzug unseres Gedichts und ein wesentlicher Grund des Beifalls, welchen es beim deutschen Volke gefunden hat. Allerdings trägt Voß seine Gleichgültigkeit gegen confessionelle Unterschiede unverhüllt zur Schau. Jene Geschichte von den drei Todten aus Mainz, Zürich und Hamburg, welche an die Pforte des Himmels kommen und so lange von Petrus auf die Bank bei Seite gesetzt werden, bis sie singen: Wir glauben all' an einen Gott — wäre des Beweises genug*). Mit unverkennbarer Absicht ergreift der Dichter jede Gelegenheit, wo er seinen Abscheu vor religiöser Engherzigkeit ausdrücken kann. Er schilt auf die „Pfäfflinge, welche noch immer jeden bedrohen, den Gott berufen hat, den Geist aus Banden der Willkür zu erlösen". Es empört ihn, wenn sich solche die „erwähltern dünken und die Brüder, welche einst mit Sokrates nach der Menschlichkeit Höhen strebten, noch im Grabe entehren". Petrus, Moses, Confucius, Homer, Sokrates und Mendelssohn werden auf eine Linie gestellt. Die Bibel und Homer sind des Pfarrers Lieblingsbücher. Denn bei aller Frömmigkeit verbauert ein Dorfgeistlicher, „wenn nicht griechischer Geist ihn emporhebt aus der Entartung neueren Barbarthums — zur altedeln Würde der Menschlichkeit". Und wer wäre dazu geeigneter als der „Geist des Homeros, welchen das Kind anhöret mit Lust und der Alte mit Andacht". Der hauptsächliche Inhalt der Religion ist hier allerdings Gutes thun, Gott vertrauen und seine Mitmenschen lieben. Darin stimmt Voß' Glaubensbekenntniß genau mit dem Lessings — oder vielmehr fast aller großen Denker und Dichter, die wir seit hundert Jahren gehabt haben — überein. Man wende nicht ein, das sei ein negativer Standpunkt, ohne innern Halt und gemüthliche Tiefe. Es sind wirklich und wahrhaftig fromme Menschen, welche unser Dichter zeichnet; sie sind fromm im besten Sinne des Worts. Das Verhältniß, in welchem sie zu ihrem Gott stehen, ist das der Kinder zu ihrem Vater. In jeder Freude, die ihnen Natur und Leben bieten, schauen sie zu ihm auf; im Unglück vertrauen sie auf ihn; aus allem Wechsel und Gewirr des irdischen Daseins

---

*) Als Voß nach Heidelberg gezogen war, erhielt er (1808) durch ein hübsches Landmädchen aus der Gegend von Bruchsal einen Korb voll Eier und ein Rehziemer von einem katholischen Geistlichen, der ihm damit seinen Dank für den Pfarrer von Grünau und insbesondere für die Geschichte von Petrus und den „Alleinseligmachern" ausdrücken wollte.

richtet sich ihre Hoffnung voll unerschütterlichen Glaubens auf das
ewige Leben, welches jenseits des Grabes alle guten Menschen ver=
einigen soll.

Es ist freilich eins der wohlfeilsten Themata der Gegenwart,
hochmüthig abzusprechen über die flache Aufklärung des vorigen
Jahrhunderts. Ganz Unrecht hat dieser Tadel nicht immer. Aber
den Dichter der Luise trifft er so wenig, als Lessing im Nathan.
Gegenüber der Engherzigkeit mancher modernen bekenntnißtreuen
Theologen, gegenüber jenem wahrhaft fanatischen Haß gegen alles
freie und voraussetzungslose wissenschaftliche Forschen ist der Eifer
des trefflichen Pfarrers von Grünau noch heute an seiner Stelle.
Schon Goethe lobte Voß, daß er sich nicht zu jener grundfalschen
Maxime bekannt habe, „welche, dreist genug, fordert, wahre Toleranz
müsse auch gegen Intoleranz tolerant sein". Unser deutsches Volk
will sich nun einmal das „ungefesselte Emporstreben des Geistes"
nicht nehmen lassen, und deßhalb ehrt es die Dichter, welche so
wacker wie Voß für die Freiheit des Glaubens und Forschens ein=
getreten sind.

Tüchtig und erfreulich, wie der Inhalt des Gedichts, ist seine
Sprache und metrische Form. Voß hatte ein sicheres Gefühl für
Kernigkeit und Würde des deutschen Ausdrucks. Mit Absicht erin=
nert er oft genug an Wendungen der Lutherischen Bibel oder nimmt
dieselben geradezu in sein Werk auf. Nie wird er undeutlich
und schwülstig; stets hört man seinen Worten eine gewisse In=
nigkeit und Herzlichkeit an.*) Wie man deutsche Herameter bauen
müsse, hat Voß erst den deutschen Dichtern gezeigt. Man mag
darüber zweifelhaft sein, ob das antike Metrum an sich dem Genius
unsrer Sprache gemäß sei; aber man wird einräumen müssen, daß
es sich dem Dichter hier wegen der unverkennbaren Nachahmung
des Homer empfahl und dem Inhalt trefflich angeschmiegt hat.

So wird die Liebe, welche sich die Luise im deutschen Volke
erworben hat, als eine wohlbegründete erscheinen. Ueber ihr Ver=

---

*) Außerordentlich gewinnt die Darstellung dadurch, daß er sich nicht
scheut, eine ganze Reihe von Ausdrücken der Volkssprache aufzunehmen.
Diejenigen, welche davon minder bekannt scheinen, sind am Schlusse dieser
Einleitung, meist nach Voß' eignen Erklärungen zusammengestellt.

dienſt ſoll ſie deßhalb nicht erhoben werden. Auf der Höhe von Goethe's Hermann und Dorothea ſteht ſie nicht. Voß ſelbſt mochte in entſchuldbarer Vaterfreude über ſein Lieblingskind ſchreiben: „Die Dorothea gefalle, wem ſie wolle; Luiſe iſt ſie nicht," und Vater Gleim mochte ihm beiſtimmen. Wer aber heut noch ähnlich urtheilen wollte, würde ſich lächerlich machen. Aber hier gilt das Wort: man ſoll das Beſſere nicht zum Feinde des Guten machen, und zu dem Guten unſerer Literatur gehört auch die Luiſe. Wenigſtens haben ihr Schiller und Goethe beide dieß Zeugniß ausgeſtellt. Jener urtheilt, das Gedicht ringe durch individuelle Wahrheit und gediegene Natur den beſten griechiſchen Muſtern mit ſeltnem Erfolge nach und gewähre einen reinen, beſtimmten und immer gleichen Genuß (über naive und ſentimentaliſche Dichtung). Goethe aber bekennt in ſeiner Elegie „Hermann und Dorothea", welchen Eindruck es auf ihn gemacht und wie es ihn zu ſeiner eignen Dichtung begeiſterte:

> Uns begleite des Dichters Geiſt, der ſeine Luiſe
> Raſch dem würdigen Freund, uns zu entzücken, verband.

In den Xenien endlich findet ſich über die Luiſe das Diſtichon:

> Wahrlich, es füllt mit Wonne das Herz, dem Geſange zu horchen,
> Ahmt ein Sänger wie der Töne des Alterthum nach.

Buhre, Ueberzug eines Kiſſens.
Bulte, Hügel im Sumpfe.
Buttel (bouteille), dickbäuchige Flaſche.
Dernakirſche, frühe Weinkirſche.
Emmerling, Ammer.
Eppich, apium.
Genſt, genista, Ginſter.
Gravenſteiner, edle Apfelſorte vom holſteiniſchen Schloſſe Gravenſtein.
Himmelspferdchen, Heuſpringer.
Holm, kleine Inſel.
Hulſt, Stechpalme, ilex aquifolium.
Kaneel, Zimmet.
Kolben, Teich.
Lünſe, der Achsnagel am Rade.
Mette, Spinnwebe.
Morcheln, eine Art eßbarer Pilze.
Morelle, edle Sorte Frühkirſchen.
Neulicht, Neumond.
Pitſchier, Wappen.
Rak, Holzhäher.
Raufe, Leiter über die Krippe.
Riole, Bücherbrett.
Roſenmädchen, das Mädchen, welches bei den Roſenfeſten mancher Gegenden den Roſenkranz erhält.

Samarie, Amtskleid des Predigers.
Sanbart, schmackhafter Fisch, eine Art Barsch.
Schier, klare Leinewand.
Spillbaum, Zweckholz, euonymus europaeus.
Sprehe, Staar.
sprock, brüchig, zerbrechlich.
Strauchhahn, Schnapphahn, Spottname für Raubritter.

Sülzmilch, dicke gesäuerte Schafmilch.
Tabulatur, alte Musikzeichen; nach der Tabulatur, nach Noten.
Tremse, Kornblume.
Tülle, Röhre am Leuchter und der Laterne.
wählig, wohlgemuth, üppig.
Wandschmied, Todtenuhr, Holzbock.

Vor Gleims Hüttchen.

(1795)

Mach' auf, edeler Greis! „Wer klopfet da?" Freund' und Bekannte.
„Leise klopfet der Freund." Aber du höretest nicht.
„Still! ihr weckt mir die Mädchen!" Sie lieben uns. „Sollen sie aufstehn
Spät in der Nacht?" Aufstehn und die Geliebten empfahn.
„Welche denn?" Kennst du den Pfarrer von Grünau? „Was! und Luise?"
Auch ihr Mann. „Und wo bleibt Mütterchen?" Mütterchen auch.
„Mädchen heraus! mit dem Schönsten bewirthet sie!" Alter, nur Obdach,
Und ein freundlich Gesicht. „Trauteste, kommt! denn es friert!"

Dem Herzog
Peter Friedrich Ludewig.
(1807)

Vater Eutins, Dir baut' ich der Pflanzungen eine für Menschheit,
    Daß, aus dem Keime von Gott, menschlich gediehe der Mensch;
Und Du lobtest den Fleiß, ein Ermunterer, auch wenn der Pflanz=
        mann,
    Aehnlich der Arbeitsbien', heitere Töne sich sang.
Nimm der Gesäng' Auswahl. Gern fängen sie künftigem Anwachs
    Heiterkeit, Sinn der Natur, tapferes Streben für Recht:
Tugenden, die Dein Leben geübt. O lebe noch lang' hier,
    Unbiegsam dem Geschick, froh des erfreuenden Thuns!
Endlich, den Deinen zu früh, Hochaltriger, geh' zur Verjüngung,
    Wo, was menschlich erwuchs, göttlicher blühet und reift.

Erste Idylle.

Das Fest im Walde.

Draußen in luftiger Kühle der zwei breitlaubigen Linden,
Die, von gelblicher Blüthe verschönt, voll Bienengesurres,
Schattend der Mittagsstub', hinsäuselten über das Moosbach,
Hielt der redliche Pfarrer von Grünau heiter ein Gastmahl,
Seiner Luise zur Lust, hausväterlich prangend im Schlafrock.
Sechs Schilfsessel umstanden den Steintisch, welche der Hausknecht
Heimlich geschnitzt, als Ehrengeschenk, zu der Jungfer Geburtstag,
Gastliche; doch für den Herrn ein wohlansehnlicher Lehnstuhl.
Sorglos saß nach dem Mahle der Greis fort, sich und die Andern
Mit lehrreichem Gespräch zu erfreun und mancher Erzählung.
Küchlein, zahm wie die Mutter, das Perlhuhn, pickten der Jungfrau
Brot aus der Hand; weil ferne der trotzige Hahn mit den Weibern

Harrte des Wurfs, und die Taube vom Dach, und der kollernde
        Puter.
Nachbarlich dort im Schatten des blüthendoldigen Flieders
Nagte des Festmahls Knochen Packan, und murrete seitwärts
Gegen die lauernde Katz', und schnappte sich sumsende Fliegen.
Aber Mama, sanftlächelnd der wohlbekannten Erzählung,
Zupfte geheim Luisen, die neben ihr saß, an dem Aermel,
Neigt' ihr nahe das Haupt und begann mit leisem Geflüster:

  Gehn wir noch in den Wald, mein Töchterchen? Oder gefällt
        dir's,
Weil die Sonne so brennt, in der Geißblattlaub' an dem Bache
Deine Geburt zu feiern? Du blickst ja so scheu und erröthest.

  Hold erstaunte der Red' und sprach das rosige Mägdlein:
Nicht in der Laube, Mama! Das Geißblatt duftet des Abends
Viel zu streng', und zumal mit der Lilien und der Reseda
Dufte vermischt; auch schwärmen so wild an dem Bache die Mücken.
Lieblich scheint ja die Sonn', und am waldigen Ufer ist Kühlung.

  Beifall nickte die Mutter. Da war die Erzählung geendigt;
Rasch nun wandte zum Manne das Wort die verständige Hausfrau:

  Väterchen, danken wir Gott? Luise begehrt, den Geburtstag
Lieber im Wald' als unten am Bach in der Laube zu feiern.
Lieblich scheint ja die Sonn', und am waldigen Ufer ist Kühlung.
Jetzo mein Rath: Herr Walter, der muthige Karl und Luise
Gehn voran und wählen den Ort und suchen uns Brennholz. —
O, daß der steife Besuch abhält auf dem Schlosse die Herrschaft,
Mutter und Tochter zugleich! Mit Amalia wäre der Gang doch
Lustiger! Hell dann tönt' in den Waldungen eures Gesanges
Nachhall! — Aber wir beiden Gemächlichen fahren den Richtweg
Ueber den See. Der Verwalter, das wissen wir, leiht zum Ge=
        burtsfest
Gerne den Kahn. Doch wünscht' ich, daß unser Papa noch ein
        Wenig

Schlummerte. Mittagsschlaf ist ein Labsal ältlicher Hausherrn,
Wann heiß werden die Tag', und die blühende Bohne betäubet.

Drauf antwortetest du, ehrwürdiger Pfarrer von Grünau:
Hört Er, mein Sohn, wie sie waltet, die Herrscherin? Aber ich muß schon
Folgsam sein; denn es gilt den Geburtstag meiner Luise.
Kinder, wir beten zu Gott dem Unendlichen! Betet mit Ehrfurcht.

Dieses gesagt, entblößte der redliche Vater den Scheitel,
Glänzend kahl und umringt von schneeweiß prangendem Haare,
Senkte den Blick demüthig und sprach, mit gefalteten Händen:

Lieber Gott, der du Alles, was lebt, mit Freud' und Erquickung
Sättigest, höre den Dank, den deine Kinder dir stammeln.
Wir sind Staub. O beschirme, wenn's frommt, in dem Leben der Prüfung
Uns vor Trübsal und Gram, wie vor üppigem Stolze und Leichtsinn.
Gieb uns tägliches Brot, und unseres; bis wir, den eiteln
Sorgen entrückt, als Bewährte, zu deiner Herrlichkeit eingehn. —
Meine Kinder, ich wünsch' euch eine gesegnete Mahlzeit.

Also der Greis; da nahten sie All' und küßten den Mund ihm
Dankend; es küßt' ihn umarmend die rosenwangige Tochter;
Dann an die Wang' ihm geschmiegt, liebkoste sie. Aber mit Inbrunst
Herzte der Greis sein freundliches Kind, auf dem Schooße sie wiegend.
Beid' an der Hand nun fassend die Fremdlinge, sagte die Mutter:

Seid ihr auch satt, ihr Lieben? Nur Bauernkost war es freilich,
Und kein gräflicher Schmaus; doch hoffen wir, Freunde des Hauses
Wissen ein ländliches Mahl zu entschuldigen. Trinken wir jetzt noch
Kaffee hier? Vornehme genießen ihn gleich nach der Mahlzeit.

Ihr antwortete drauf der edle, bescheidene Walter:
Herzlich danken wir, liebe Mama, für die schöne Bewirthung.

Machen Sie Karl nicht roth. Gut sein ist besser denn vornehm.
Säße bei solchem Mahle der Ländlichkeit selbst auch der Kaiser,
Unter dem Schatten der Bäum', in so traulicher lieber Gesellschaft;
Und er sehnte sich ekel zu Höflingsstand' und des Mundkochs
Mischungen heim: so verdient' er an Leib und Seele zu hungern!
Besser, wir gehn ungesäumt in den Wald; und landet der Kahn an,
Flugs, nach altem Gebrauch der Familie, kochen wir sämmtlich
Unter dem hangenden Grün weißstämmiger Birken den Kaffee.
Karl auch kocht großmüthig für uns; ihm macht es nur Wallung.

Aber es schalt der Vater und rief die eifernden Worte:
Ei, mit der unstatthaften Entschuldigung! War denn der Reisbrei
Angebrannt? und der Wein auf dem Reisbrei nüchtern und kahnig?
Waren nicht jung die Erbsen und frisch, und wie Zucker die Wurzeln?
Und was fehlte dem Schinken, den Heringen oder der Spickgans?
Was dem gebratenen Lamm und dem kühlenden röthlichgesprengten
Kopfsalat? War der Essig nicht scharf, und fein das Provinzöl?
Nicht weinsauer die Kirsche Dernat, nicht süß die Morelle?
Nicht die Butter, wie Kern, nicht zart die rothen Radieschen?
Was? Und das kräftige Brot, so weiß und locker! O schändlich,
Wenn man Gaben von Gott aus Höflichkeit also verachtet!
Lieber Sohn, da nehm' Er die Dirn' an den Arm, und sogleich mir
Fort in den Wald! Komm her, mein Mütterchen, daß ich dich
küsse!

Sprach's und zog sie heran; und das Mütterchen folgete willig.
Dennoch verwies ihm solches die gute verständige Hausfrau:

Schilt nicht, böser Papa! Man sagt ja wol so ein Wörtchen,
Wie es die Weise verlangt und Artigkeit. Aber wohlan nun,
Schlummere kühl und ruhig im Kämmerlein. Jungfer Susanna
Hat mit Pfeffer und Milch die Fliegen gedrängt, auch das Mäuschen
Hübsch in die Falle gelockt und den Alkov fleißig gelüftet.

Jene sprach's und führte den lieben Gemahl in die Kammer,
Hinten hinaus, wo es frisch anathmete; legt' auf der Ruhbank

Ihm sein Polster zurecht und schloß die dunkle Gardine;
Während die Magd des Mahles Geräth und die festlichen Gläser
Eintrug, sammt dem Gedeck von schöngewebetem Drillich.

Jetzo eilte der Knecht mit dem Auftrag zu dem Verwalter,
Daß für der freundlichen Jungfer Geburtstag jener gefällig
Liehe den Kahn, der, sicher gebaut am Strande der Ostsee,
Auslief, selbst wann es wallte, zur Lustfahrt oder zum Angeln.
Hans nun sagte sein Wort; da erwiederte rasch der Verwalter:

Fordere Kahn, und was ich vermag; ich gewähr' es der Jung=
 frau!
Sprach's und langte den Schlüssel dem Eilenden. — Aber die
 Jungfrau
Faßte, dieweil Karl drängte, den Arm des bescheidenen Jünglings;
Und um die rauschende Schleuse der Mühl' in das grasige Seethal
Lenkten sie fröhlich den Gang. An des Mägdleins Füße geschmieget,
Weht' ihr weißes Gewand mit rosenfarbenen Schleifen;
Seidener Flor umwallte verrätherisch Busen und Schultern,
Vorn mit der knospenden Rose geschmückt; ihr freundliches Antlitz
Schirmte, gekränzt mit Tremsen, der sein geflochtene Strohhut.
Unter ihm floß in den Wind des dunkelen Haares Geringel,
Glänzend am Licht, nachlässig vom rosigen Bande gefesselt.
Weiß aus bräunlicher Klappe des Handschuhs blickte die Rechte,
Rundlich und zart, oft kühlend mit tastenem Fächer das Antlitz;
Und wie die Link' im Arme des Jünglinges ruhte, so spielten
Leis' in der Hand ihm die warmen und niedlichen Finger des
 Mägdleins.
Schauer der Wonn' umströmt' ihm das Herz; bang' athmend und
 sprachlos
Drückt' er die kleine Hand, durchfaltet mit bebenden Fingern.

Also wandelten Beide durch Gras und blumige Kräuter,
Langsam; Grillengeschwirr war ringsher; und wie erblödet
Sannen sie, scheu zu begegnen dem Blick, und redeten wenig.
Als sie nunmehr, oft seufzend, das schwülere Thal durchwandert,

Unten am Zaun, wo die Quell' aus dem Sandberg roth und morastig
Zwischen binsigen Bulten und Schafthalm träger hinabfloß;
Dort an der leitenden Hand des Jünglinges hüpfte die Jungfrau
Furchtsam über die Steine, gelegt für die Schritte des Wandrers,
Und wer in trockenen Monden den Richtweg nahm nach dem Kirchdorf;
Furchtsam, daß dem Gewande den Saum nicht tränkte der Moorsumpf,
Wankte sie hin, vor dem Frosch, der emporsprang, jüngferlich kreischend.
Jetzo betrat sie den Steg und hob ein Füßchen mit Vorsicht
Ueber den Zaun, daß enthüllet die Zwickelblume hervorschien,
Ordnete schnell das Gewand und schwang wie ein Reh sich hinüber.
Dann durch Haselgebüsch den ausgeregneten Pfad auf
Stiegen sie, welcher sich schräg' hinbog um den alternden Ahorn.
Oben begann tiefathmend das rosenwangige Mägdlein:

Stehn wir ein Wenig still? Mir klopfet das Herz! Wie erfrischend
Ueber den See die Kühlung heraufweht! Und wie die Gegend
Ringsum lacht! Da hinab langstreifige, dunkel und hellgrün
Wallende Korngefilde, mit farbigen Blumen gesprenkelt!
O des Gewühls, wie der Roggen mit grünlichem Dampfe daherwogt!
Dort in fruchtbaren Bäumen das Dorf, so freundlich gelagert
Um den geschlängelten Bach, und der Thurm mit blinkendem Seiger!
Oben das Schloß hellweiß in Kastanien! Vorn auf der Wies' hin
Röthliche Küh'; und der Storch, wie vertraut er dazwischen einhertritt!
Dort die schimmernde Bläue des See's um den waldigen Hügel!
Dort Heuschober gereiht, dort Mähende! Aber wir selbst hier,
Vom Buchweizen umblüht, im Gesums' eintragender Bienen!
Schaut doch umher, ihr Kinder, und freuet euch! Hören Sie, Bester:
Unsern Schmaus wird zieren ein Korb großmächtiger Erdbeern,
Spanischer, weiß und roth, der Ananaswürze vergleichbar;

Felderdbeern, wie mir däucht, sind wol so süß und balsamisch.
Kommen Sie dort in den Busch; da stehen sie, röther wie Scharlach.

Also Luis', ablenkend zum sonnigen Thal des Gebüsches,
Rechts, wo die Hecke das Feld einfriedigte. Hurtig voran nun
Hüpfte der Knab' und entsagte dem grünlichen Himmelszierböchen,
Das mit glänzender Schwing' ihm bequem da saß auf dem Farnkraut.
Stehn blieb jetzo Luis' und sprach mit vertraulichem Flüstern,
Nah' an des Jünglings Wange geneigt ihr blühendes Antlitz:

Wahrlich, der Knabe bemerkt, unaufmerksam wie er scheinet.
Sehn Sie, er folgt dem Geruche der Erdbeern. Lieber, die Hand mir
Nicht so gedrückt! Er möchte den Herrn Hofmeister belauschen.

Also warnte Luise, die Hand zu entziehen versuchend.
Aber dem Jünglinge wallte das Herz vor banger Entzückung,
Als der rosigen Lipp' ätherischer Odem die Wang' ihm
Warm anhaucht'; und er wandte sich sanft und küßte das Mägdlein.
Leise bebt' ihr die Lipp' und wandte sich; aber ihr Antlitz
Lächelte, hold verschämt, wie ein Frühlingsmorgen erröthend.
Und sie entschlüpfte dem Arm und brach ein unscheinbares Blümchen
Seitwärts, weilt' in Gedanken und schaut' es an, wie bewundernd.

Plötzlich erscholl im Gebüsche die rufende Stimme des Knaben:
Kommt doch, und pflückt Erdbeern! Hier stehen sie röther wie
    Scharlach,
Busch an Busch vollglühend, daß Einer nicht weiß, wo er hin soll!
Jubeln wollen wir Alle vor Lust, wann unseren Verrath
Wir in die Kumm' ausschütten! Da werden sie schaun mit Ver=
    wunderung,
Beide, Papa und Mama! Felderdbeern pflanzte der liebe
Gott so kräftig und süß! In der Zahn' auch schmecken sie vielmal
Köstlicher, als im Weine die Prahlerdbeeren des Gärtners!

Sie nun kamen und sahn die geschwollenen Beeren, die ringsum
Feuerroth und gedrängt am Sonnenstrahl aus den Kräutern

Schimmerten; und ihr Gebüſt durchathmete würzig die Gegend.
Freudig rief und erſtaunt der edle, beſcheidene Walter:

Wunderbar! Es erhebet der Reiche ſich künſtlicher Gärten,
Welche die Frucht ihm zinſen aus jeglichem Sonnenbezirke,
Fröhnend in Zwang; und dem Armen bereitete Gott in der Wildniß,
Ohne ſein Thun, Fruchtgärten voll heilſamer Blumen und Kräuter:
Arbeitslos dann ſammelt das Kind und ſammelt der Greis ein
Heimliche Gabe von Gott, der treu auch des Sperlinges waltet.
Aber es fehlt ein Geſchirr für die ſaftige Reiſe der Beeren.
Pflücken wir dort Huflattig, mein Karl, und die Blätter im Tuche
Tragen wir locker geknüpft! Noch dienlicher, wenn ich der Haſel
Sauber die Rind' abſtreift' und mit äſtigem Pflocke zuſammen
Heftete. Oder erſinnt mein Karl noch ein anderes Mittel?

Zürnend gab ihm darauf der feurige Knabe die Antwort:
Wäre das Ernſt, Herr Walter: den Buſch, der die Zweige herabhängt,
Von Nußtrauben beſchwert, im fröhlichſten Wuchſe zu ſchinden?
Stehn denn am Sumpf nicht Binſen genug? Bald iſt ja ein kleines
Körbchen gemacht, wenn Einer den Griff nur tüchtig gelernt hat!

Ernſthaft that, ihm erwiedernd, der edle beſcheidene Walter:
Das hat Schick und Geſtalt! O wie gut, wenn zwei ſich berathen!
Hurtig hinab, und ein Körbchen beſchleuniget, welches den Meiſter
Lobe, geräumig und feſt! Wir Andern ruhen indeß hier
Harmlos unter der Haſel, die voll großtraubiger Nüſſe
Um uns wölbt ihr Gezweig'; auch pflücken wir nichts von den
Erdbeern,
Außer ein paar zur Erfriſchung für unſere liebe Gefährtin.

Kaum geſagt, da entflog zu dem binſigen Sumpfe der Knabe,
Fröhliches Laufs, weil jen', in wallendem Herzen verſchüchtert,
Unter das Schattengewölbe ſich lagerten dicht an einander,
Durch gleichgültige Rede beſchönigend inneren Aufruhr.
Nicht gar lange, da kam mit dem zierlichen Korbe der Künſtler,
Stolz anhörend das Lob, daß er ſchnell vollendet und tüchtig.

Alle sie pflückten darein rothschwellende Beeren auf Rußlaub,
In wetteifernder Hast, und oft mit den schöneren prahlend,
Naschten dabei und boten Geschenk; denn sie hatten die Auswahl
Voll nun strotzte der Korb von saftiger Frucht und verhauchte
Lieblichen Duft ringsum aus reinlicher Hülle der Blätter;
Fröhlich wog ihn der Knab' und beschwerte den Arm mit der Ladung.

Jetzt, da sie wieder den Pfad hinwandelten, hörten sie abwärts
Durch das Thal den Gesang des siebzigjährigen Webers,
Der, zum Weben zu schwach, bei Kirchenmusik und Gelagen
Kräftig den Brummbaß strich, wie der Organist ihn gelehret.
Selbstgelehrt auch stellt' er der gnädigen Gräfin die Schloßuhr.
Kunstreich schnitzt' er dabei zum Verkauf spillbäumene Löffel,
Und wachholderne Querl', auch Käsige, Kellen und Schaufeln,
Masergeräth, Waschbläuel und lindene Schuhe dem Marschland.
Doch war der Sommer ihm mild', dann sammelt' er Beeren des
Feldes

Für die benachbarte Stadt, auch Nüss' und Hambutten und Morcheln,
Lange bestellt; denn es liebte den Redlichen manche der Hausfraun.
Horchend stand und begann die rosenwangige Jungfrau:

Höret, wie schön im Thale „Wer Gott läßt walten" umherschallt!
Unseres Alten Gesang, der dort Erdbeeren sich sammelt!
Kraftvoll bringt's an das Herz, wie ein segnender Wunsch zum
Geburtstag!

Sprach's und lenkte dahin; und sie fanden ihn, tragend den
bunten,
Mächtigen Henkeltopf, halbvoll der erlesenen Erdbeern.
Grüßend bot ihm die Hand der edle bescheidene Jüngling:

Glück zum Geschäft! So fleißig? Bedeckt doch, Vater, den
Scheitel!
Seht, wir versorgten uns selbst in Euerem Garten mit Erdbeern,
Für der Luise Geburt; und das Kernlied, welches Ihr sanget,
Kraftvoll drang's an das Herz, wie ein segnender Wunsch zum
Geburtstag.
Billig, Ihr feiert heut auch mit dem Mütterchen. Nehmet und zengt
Euch
Einen erquickenden Trunk auf das Wohlsein unserer Jungfrau.

Aber der Greis, wie ein Ehrengeschenk vom Freunde der Gast=
freund
Gern annimmt, so nahm er und sprach mit edelem Anstand:

Dank! Der gebotene Trunk für das Jüngferchen soll unver=
schmäht sein,
Euch und ihr selber zu Liebe, die, hold wie ein Engel, zum
Wohlthun
Annaht' unserem Dorf'! O lange noch Freude der Eltern
Sei sie, und aller Bekannten, und bald auch des wackersten Ehmanns!
Euch, Herr, würdige Gott des Berufs in ein höheres Lehramt
Noch dies Jahr, wenn gekommen die Stund' ist! Denn was Ihr jetzo

Prediget, sind Schulworte nicht mehr, sind Worte des Lebens,
Bündige, tröstungsvolle, befruchtende! Wenn Ihr noch etwas
Fortgeht, werdet Ihr einst ein anderer Pfarrer von Grünau!

Jener sprach's, und gerührt antwortete Solches der Jüngling:
Also sei's, mein Vater! Wer Gott läßt walten, vertraut wohl!

Sprach's und schied in das Thal; den Wandelnden blickte der
Greis nach,
Innig bewegt, und es bebte die Thrän' an den grauenden Wimpern.
Jenem drückt' im Gehen die rosenwangige Jungfrau
Schweigend die Hand; und sobald sie des dichteren Thales Um-
schattung
Barg, da begegnete willig ihr Mund dem Kusse des Jünglings.

Als sie, das Linsenfeld und die bärtige Gerste durchwandelnd,
Jetzo dem Hügel am See sich näherten, welcher mit dunkeln
Tannen und hangendem Grün weißstämmiger Birken gekränzt war,
Blickte zum buschigen Ufer Luis' hinhorchend und sagte:

Still! Es tönte mir dumpf, wie ein Ruderschlag, von dem Ufer!
Aber der muthige Karl, der voranlief, wandte sich rufend:

Hurtig! Da seh' ich den Kahn! Nun gleitet er hinter das
Schilfrohr!
Und mit geflügelten Schritten enteilten sie; kühlender Seewind
Hauchte zurück das Gewand, das die trippelnden Füße des Mägdleins
Rauschend umwallt', und es webt' ihr geringeltes Haar von den
Schultern.
Laut nun rief und winkt' aus dem schwebenden Kahne der Pfarrer:

Ehrbar, Kinder, und sacht! Ihr lauft ja so rasch wie die
Hühnlein
Ueber den Hof, wenn die Magd an der Hausthür Futter umherstreut!
Heida! wie sauft das Gesindel herab von dem höckrigen Abhang!
Töchterchen, geh' vorsichtig und strauchle mir nicht an den Wurzeln!

Also rief er, umsonst; sie entflohn unhemmbares Schwunges.
Athmender harrten sie nun, bis der rauschende Kahn an dem Ufer
Landete; und: Willkommen! erscholl's, willkommen im Grünen!
Hinten hemmte der Knecht, an der Erl' im Wasser sich haltend.
Aber gestützt von der Hand des Jünglinges traten die Eltern
Ueber den wankenden Bord, auf den Sand voll Kiesel und Muscheln,
Wellig gestriemt von der Fluth und umhüpft mit gehügeltem See=
schaum.
Hans auch entstieg und knüpfte das hemmende Seil um den Baum=
stumpf;
Schmeichelnd küßte den Greis die blühende Tochter und fragte:

Väterchen kommt ja so frühe vom Schlaf. Hat der häßliche Kater
Wieder gemaut? Ein Hühnchen beim Eierlegen gekakelt?
Oder Susanna zu laut mit dem Waffeleisen geklappert?

Drauf antwortetest du, ehrwürdiger Pfarrer von Grünau:
Soll ich dieses genau dir verkündigen, wie es geschehn ist?
Weder gemaut hat ein Kater, mein Kind, noch ein Hühnchen gekakelt,
Oder Susanna zu laut mit dem Waffeleisen geklappert.
Unser Gespräch, und die Freude, mein Töchterchen, deines Geburts=
tags
Machte mein Herz unruhig. Wohlauf nun, Feuer gezündet!
Flink! und Kaffee gekocht! Die trautesten Kinder sind durstig!

Jener sprach's; und in Eile gebot die verständige Hausfrau:
Trage mir, Hans, aus dem Kahne sogleich die Geräthe des Kochens
Neben den blühenden <u>Genist.</u> Dort zünden wir, denk' ich, das Feuer;
Daß uns nicht anwehe der Rauch. Hier aber am Vorland
Lagern wir uns im Schatten der alten Familienbuche,
Die vorlängst uns bekannt mit schon auswachsenden Namen.
Hier ist polsterndes Moos, hier sanft anathmende Kühlung;
Hier im Geräusche der Well' und des Schilfrohrs labt uns die
Aussicht
Ueber den See nach dem Dorf und den Krümmungen fruchtbarer Ufer.
Holz nun, Kinder, gesucht! Wer fischen will, scheue kein Wasser!

Also die Frau; und sie selbst nicht thatlos, sammt dem Gemahle
Ging zum gepriesenen Quelle, der nachbarlich unten am Waldberg
Rieselte, lauter und frisch, wie am Lilienblatte der Frühthau:
Elfenborn in der Sag' umwohnender Hirten benamet;
Denn rings fabelte man, mit Elfinnen tanze der Bergelf
Dort nach leiser Musik im sprossenden Grase der Mainacht.
Doch seit Hans vor dem Jahre, das Fest der Luise zu feiern,
Heimlich den Sprudel getieft und mit höherem Rasen umbordet,
Nennt ihn Born der Luise das Haus und die Freunde des Hauses.
Hieher kamen sie Beid' und fülleten, diese des Kessels
Ehernen Bauch, und der Vater ein Glas mit erfrischendem Labsal.

Als nun jene den Hügel ereileten, welcher mit dunkeln
Tannen und hangendem Grün weißstämmiger Birken gekränzt war,
Fanden sie Kien und Reiser und sammelten; dann zu dem Buchhain
Eilten sie, links im Thal, wo der Aest' ein unendlicher Abfall
Lag in Laub und Gesträuch, dem Hüttener Feurung des Winters.
Froh nun kehrten zum See die Beladenen. Aber der Hausknecht
Fing die sprühenden Funken des Stahls im schwammigen Zunder,
Faßt' ihn in trockenes Laub und schwang mit Gewalt, bis dem dickern
Qualm aufleuchtendes Feuer entloderte; häufte geschickt dann
Reiser und Kien, daß die Flamme das Holz durch, fröhlich des Harzes,
Knatterte, finsteren Rauch seitwärts aufdampfend zum Himmel.
Jetzt, wo der Wind in die Gluth einsausete, stellt' er den Dreifuß,
Und den verschlossenen Kessel darauf mit der Quelle des Waldes.
Wehend umleckt' ihn die Loh', und es braust' aussiedend der Kessel.
Aber das Mütterchen goß in die bräunliche Kanne den Kaffee
Aus der papiernen Tute, gemengt mit klärendem Hirschhorn,
Strömte die Quelle darauf, und stellt' auf Kohlen die Kanne,
Hingekniet, bis steigend die farbige Blase geplatzt war.
Schleunig anjetzt rief jene, das Haupt um die Achsel gewendet:

Setze die Tassen zurecht, mein Töchterchen; gleich ist der Kaffee
Gar. Die Gesellschaft nimmt ja mit unserem täglichen Steinzeug
Gern im Grünen vorlieb, und ungerichtetem Kaffee.
Vater verbot Umständ', und dem Weibe geziemt der Gehorsam.

Also Mama; doch Luise, die rasch mit dem Knaben sich um=
schwang,
Hörte den Ruf und enthüllt' aus dem Deckelkorbe die Tassen,
Auch die Flasche mit Rahm und die blecherne Dose voll Zucker,
Ordnend, umher auf dem Rasen; und jetzt, da sie Alles durchwühlet,
Neigte das blühende Mädchen sich hold und lächelte schalkhaft:

Nehmen Sie mir's nicht übel, Mama hat die Löffel vergessen.
Also sagte Luis'; und des Mütterchens lachten sie Alle,
Schadenfroh; auch lachte sie selbst, die gütige Mutter,
Welche die dampfende Kanne dahertrug. Aber der Jüngling
Sprang zu der Birke behende, der hangenden, und von den Zweiglein
Glättet' er zierliche Stäb', und vertheilte sie rings der Gesellschaft.
Jetzo dem lieben Papa und dem Jünglinge reichte die Jungfrau
Pfeifen dar, und Taback in der fleckigen Hülle des Seehunds;
Und mit des Löschbrands Ende, dem glimmenden, zündete Hans an.
So auf Moose nunmehr die Gelagerten: neben dem Vater
Rechts mit dem Knaben Mama, die den lauteren Trank in die
Tassen
Rühmend goß; links aber Luis', und nahe der Jüngling.
Sie zwar kostete selten des hitzigen Mohrengetränkes;
Doch heut nahm sie ein Wenig, und russischen Thee mit dem
Kleinen.
Nun war jegliches Auge verklärt, nun laut des Gespräches
Herzlichkeit, nun das Gesicht den leisesten Regungen folgsam;
Folgsamer noch war dein zartfühlendes Antlitz, o Jungfrau:
Wie wenn duftiges Schimmergewölk an der Bläue des Himmels
Immer veränderlich folgt der Zephyre launischem Anhauch,
Hell umsäumt vom Glanze des Abends, oder des Vollmonds.
Als bei treffenden Worten nunmehr des gemüthlichen Vaters
Aufmerksam sich Luise mit trunkenen Blicken ihm anschloß,
Liebreich klopft' ihr der Vater die rosige Wang' und begann so:

Kind, dir brennt ja die Wange wie Gluth! Zwar ist es nicht übel
Anzusehn; doch nimm dir, mein Töchterchen, wegen der Zugluft,
Etwas mehr um den Hals. Man erkältet sich leicht in der Hitze.

Jenem küßte die Hand und erwiederte freundlich die Tochter:
Zugluft nennst du die Kühlung, die sanft durch Erlen des Ufers
Athmet und kaum mir ein Bändchen bewegt? Scherz liebest du
wahrlich!
Gar nicht brennt mich die Hitze; mit Fleiß ja gingen wir langsam,
Ruhten auch oft im Schatten. Ich bin nur so fröhlich, mein Vater!

Drauf antwortetest du, ehrwürdiger Pfarrer von Grünau:
Ja, du trauteste Tochter, ich bin auch fröhlich! So fröhlich,
Als die singenden Vögel im Wald' hier, oder das Eichhorn,
Welches die luftigen Zweige durchhüpft um die Jungen im Lager!
Achtzehn Jahr' sind es heut, da schenkte mir Gott mein geliebtes,
Jetzt mein einziges Kind, so verständig und fromm und gehorsam!
Wie doch die Zeiten entfliehn! Zehn kommende Jahre, wie weithin
Dehnt sich der Raum vor uns, und wie schwindet er, wenn wir
zurücksehn!
Gestern war's, wie mir deucht, da ich unruhvoll in dem Garten
Irrte, Blätter zerpflückt' und betete; bis nun mit Einmal
Fröhlich die Botschaft kam: Ein Töchterchen ist uns geboren!
Manches beschied seitdem der Allmächtige, Gutes und Böses.
Auch das Böse war gut; denn in Wohlfahrt lenkt er des Schicksals
Dunkelen Gang, und es blühet aus bitterer Wurzel das Heil auf.
Weißt du, Frau, wie es einst nach langer Dürre geregnet,
Und ich, Luis' auf dem Arme, mit dir in der Frische des Gartens
Athmend ging; wie das Kind nach dem farbigen Bogen emporgriff,
Und mich küßte: Papa! Da regnet es Blumen vom Himmel!
Streut die der liebe Gott uns Kinderchen, daß wir sie sammeln? —
Ja, der den Bogen der Huld ausspannete, streuet vom Himmel
Blumen und Früchte herab, ein allvorsorgender Vater;
Daß wir mit Dank einsammeln und Kindlichkeit! Denk' ich des
Vaters,
O, dann hebt sich mein Herz und schwillt von regerer Inbrunst
Gegen unsere Brüder, die rings umwohnen das Erdreich:
Zwar vielartig an Kraft und Verstand; doch des selbigen Vaters
Kindlein Alle, wie wir; von einerlei Brüsten genähret!
Und nicht lange, so geht in der Dämmerung Eins nach dem Andern

Voß, Luise

Müde zur Ruh', vom Vater im heimlichen Lager gesegnet,
Hört süßträumend der Winde Geräusch und des tropfenden Regens,
Schläft, und erwacht am Morgen gestärkt und helleres Sinnes.
Wonne dereinst, wann Alle der heilige Morgen uns aufweckt!
„Wahrhaft lernen wir dann, daß Gott die Person nicht ansieht,
„Sondern in allerlei Volk ist, wer ihn fürchtet und recht thut,
„Angenehm dem Vergelter!" O Himmelswonne! wir freun uns
Alle, die Gutes gethan nach Kraft und redlicher Einsicht,
Und die zu höherer Kraft vorleuchteten; freun uns mit Petrus,
Moses, Konfuz und Homer, dem liebenden, und Zoroaster,
Und, der für Wahrheit starb, mit Sokrates, auch mit dem edeln
Mendelssohn! Der hätte den Göttlichen nimmer gekreuzigt!

Ihm antwortete drauf der edle, bescheidene Walter:
Er nicht! Doch es bedräun noch Pfäfflinge, heute wie vormals,
Wen Gott rief, zu erlösen den Geist aus Banden der Willkür.
Traun! Es empört, wenn ein Kind, das der bildlichen Rede des
Vaters,
Weniger dumpf, aufmerkt im dämmernden Licht der Erkenntniß,
Sich das erwähltere dünkt, das einzige! Wenn es die Brüder,
Die um Sokrates einst der Menschlichkeit Höhen erstrebet,
Neidisch entehrt in der Gruft; und den noch unmündigen Anwachs,
Oder wer, kundiger schon, die geheimnißvolle Belehrung
Faßte mit anderem Sinn und ahnete, diesen gewaltsam
Schilt und martert und würgt! Man erzählte mir neulich ein
Mährlein.
Einstmals kam ein Todter aus Mainz an die Pforte des Himmels,
Poltert' und rief: Macht auf! Da schaute der heilige Petrus,
Leise die Thür aufschließend, hervor und fragte: Wer bist du?
Trotzig erwiederte jener, den Ablaßzettel erhebend:
Ich? Ein katholischer Christ, des allein heilbringenden Glaubens!
Setze dich dort auf die Bank! antwortete Petrus verschließend.
Hierauf kam ein Todter aus Zürch an die Pforte des Himmels,
Poltert' und rief: Macht auf! Wer bist du? fragte der Jünger.
Ich? Ein kalvinischer Christ, des allein heilbringenden Glaubens!
Dort auf die Bank! rief Petrus. Da kam auch ein Todter aus Hamburg,

Poltert' und rief: Macht auf! Wer bist du? fragte der Jünger.
Ich? Ein lutherischer Christ, des allein heilbringenden Glaubens!
Dort auf die Bank! rief Petrus und schloß. Nun saßen die Gegner
Friedsam neben einander und sahn, voll stiller Bewundrung,
Sonnen und Mond' und Gestirn' aus scheinender Irre geordnet
Zum einträchtigen Tanz; auch hörten sie rauschen harmonisch,
Im viellautigen Chore, der seligen Völker und Engel
Hallelujagesäng' und athmeten Blüthe des Lebens.
Aber ihr Herz schwoll über von unaussprechlicher Inbrunst,
Und es erhub sich entzückt ihr heller Gesang: „Wir glauben
„All' an Einen Gott!" — Da mit Einmal sprangen die Flügel
Auf mit Getön, daß weit von goldenem Glanze der Aether
Leuchtete. Petrus erschien und sprach mit freundlichem Lächeln:
Habt ihr jetzt euch besonnen, ihr thörichten Kinder? So kommt denn!

Also redeten Beid' in traulicher Herzensergießung,
Unter dem heiteren Blau des allumfassenden Himmels;
Gottes lebende Wind' umwehten sie. Aber der Alte
Senkte den Blick tiefsinnig und saß in starrer Betäubung,
Wie wenn er predigen sollte, das Herz voll Worte des Himmels;
Ernstvoll regt' er das Haupt; ihm bebte die Thrän' an den Wimpern.
Alle zugleich nun schwiegen und schaueten jenen bestürzt an.
Und mit erhabener Stimme begann der Verkündiger Gottes:

Liebt euch! redet der Herr; und brüderlich duldet einander!
Aber die höllische Pest Unduldsamkeit scheucht in den Abgrund!

Sprach's und wandte sich drauf zu der rosenwangigen Jungfrau:
Singe den neuen Gesang, mein Töchterchen, welchen im Frühling
Unser Gast von Eutin hier dichtete. Heimlich entschlich er
Durch das Gehölz; ihr gingt mit der freundlichen Ernestine
Rufend umher, du selbst und Amalia, bis ihr ihn fandet.

Jener sprach's; da begann voll steigender Röthe die Jungfrau
Sanft den Gesang; ihn verstärkte, mit Macht einstimmend, der
Vater:

Blickt auf, wie hehr das lichte Blau
Hoch über uns sich wölbet!
Wie fern den grünen Glanz der Au'
Die Butterblume gelbet!
Um uns im Sonnenscheine wehn
Der Buchen zarte Blätter;
Aus tausend Kehlen schallt, wie schön!
Vielstimmiges Geschmetter!

Ringsum an Bäumen und Gebüsch
Entschwellen junge Triebe!
Hier schattet's kühl! Hier athmet frisch
Und trinkt den Geist der Liebe!
Durchwall' uns, du, der Liebe Geist,
In dieser Auferstehung,
Wie wenn du einst vom Tod' erneust
Zu seliger Erhöhung!

Aus allen Völkern rauschen dann
Verklärte Millionen,
Die brüderlich gesellt fortan
Den neuen Stern bewohnen!
Durch Farb' und Glauben nicht getrennt,
An Sinn und Thaten höher,
Sind Ihm, den selbst kein Jubel nennt,
Die Brudervölker näher!

Schon hier vereint in Lieb' und Recht
Sei aller Welt Gewimmel!
Wir sind ja Eines Staubs Geschlecht,
Bedeckt von Einem Himmel!
Wir spielen All' im Sonnenschein,
Vergnügt gemeiner Gabe;
Wir ruhn und steigen, groß und klein,
Gestärkt aus unsrem Grabe!

Aus allen Völkern schall' empor
Gesang zum Ungenannten:
Wie jedes sich den Dienst erkor,
Wie seinen Gottgesandten!
Gern hört der Vater Aller so
Sich vielfach angelallet,
Wie hier im jungen Laube froh
Der Waldgesang erschallet!

Also sangen sie Beid'; und der Wald war Tempel der Gottheit:
Edeler fühlten sich All' und menschlicher. Aber die Jungfrau
Eilte vom moosigen Sitz und mühte sich hustend am Feuer,
Daß sie des Vaters Pfeif' anzündete, welche dem Greise

Bald in der heftigen Red' erloschen war; reichte sie jetzt ihm
Brennend, und spuckte viel, und macht' ein krauses Gesichtchen.
Jener lächelte Dank und küßte das rosige Mägdlein,

Das ihm hold an die Seite sich schmiegte, töchterlich kosend.
Jetzo begann unwillig die gute, verständige Hausfrau:

Kinder, der Kaffee wird kalt; ihr prediget immer und ewig!
Schon Herr Walter bedarf der Ermahnerin, gleich dem Papa dort,
Kommt er in Schuß. Wie der Alten Gesang, so der Jungen Ge=
zwitscher!
Gießen wir etwas Warmes hinzu! Nun rührt mit den saubern
Löffelchen! Liebe Natur, du scheinst mir gar zu natürlich!

Als sie nunmehr sich gelabt mit köstlichem Tranke des Auslands,
Schenkte Mama auch dem Knechte, der, sorglos pfeifend ein Leibstück,
In sonntäglicher Jack' am buschigen Ufer umherging.
Anfangs sträubt' er sich, etwas beschämt, und nahm es doch endlich.
Plötzlich begannst du im Kreis', ehrwürdiger Pfarrer von Grünau:

Kinder, wir ruhn unverrückt, wie ein Markstein und ein ver=
jährter
Volkswahn! Geistiges Leben verlangt Umtrieb und Bewegung!

Also der Greis, und erstand; auch die Anderen sprangen ver=
gnügt auf.
Nun lustwandelten jene, von längeren Schatten begleitet,
Ueber des Borns durch Kiesel zum See abfließendes Bächlein,
Hin zu dem duftenden Hügel, wo schlankere Birken gen Himmel
Säuselten, Tannensaat sich erhob mit gelblichem Jahrwuchs,
Und Wachholdergesträuch um die Hünengräber der Vorwelt
Wuchernd kroch, und glänzte der Hulst mit stachligen Blättern.
Einzeln rauschten umher auch Mastbäum' unter den Wolken,
Ostwärts alle gebeugt von des siebenundvierzigsten Jahres
Winterorkan. Sie umschauten die weithin lachende Landschaft,
Fruchtfeld, Au'n voll Heerden, Gehölz und thürmende Dörfer,
Gegen Eutin, wo weislich die Pfründ' ausspähte der Domherr;
Plauderten viel und sangen empfundene Lieder von Stolberg,
Bürger und Hagedorn, von Claudius, Gleim und Jacobi;
Sangen: „O, wunderschön ist Gottes Erde!" mit Hölty,

Welcher den Tod anlacht', und beklagten dich, redlicher Jüngling.
Jetzo sagte gerührt die gute, verständige Hausfrau:

Schön ist auch hier die Erd', und verdienet es meine Luise,
Drauf geboren zu sein und vergnügt durch das Leben zu wandeln!
Aber ihr merkt, wie die Sonne hinabsinkt, fast zu den Wipfeln
Jenes Walds, und vom Dorfe die Betglock' über den See summt.
Thau weissagt das Gewölk, das duftige, welcher den Kräutern
Wachsthum bringt, doch leicht den gelagerten Menschen Erkältung.
Alt ist unser Papa, und das Jüngferchen kleidet sich immer
Zephyrlich. Heutiges Tags ist klüger das Ei denn die Henne!
Kommt denn und schmauft, ihr Lieben; die Feldluft reizet den
Hunger.

Sprach's, und führt' in das Thal; nicht ungern folgten die
Andern.
Als sie die schwellenden Moose des weitumschattenden Buchbaums
Jetzo erreicht, da eilten Mama und die freundliche Tochter
Schnell an das Ufer zum Kahn und brachten im zierlichen Tischkorb
Feines Gedeck, Eßlöffel und englische Messer und Gabeln;
Auch das Zuckergeschirr von violigem Glase, mit Silber
Künstlich gefaßt, wie ein Korb, ein Geschenk der gnädigen Gräfin;
Brachten die feineren Teller von Ihon, und spanische Erdbeeren
Auf eiförmiger Schüssel, auch sahnige Milch in gestülpter
Porzellanener Kumme, geformt wie ein purpurner Kohlkopf,
Welche mit wärmendem Punsch und Bischof füllte der Vater,
Wann ein Freund ihn besucht' in sausenden Tagen des Winters;
Brachten mit Eppich umlegt die Bachkrebs', ähnlich den Hummern,
Und zwei kalte gebratne Kapaun', umhüllt vor den Fliegen;
Brachten sodann für Walter und Karl vielrautige Waffeln,
Hochgebäuft, Kunstwerke der preislichen Köchin Susanna;
Auch die duftende Frucht der grüngestreiften Melone;
Butter in blauem Gefäß, goldfarbige: über dem Deckel
Ruht' ein käuendes Rind als Handgriff; lieblichen Schafkäs'
Und holländischen Käs', und einen gewaltigen Rettig
Für den Papa; auch Kirschen von vielfach würziger Gattung,

Stachelbeeren, wie Pflaumen an Wuchs, und geschwollne Johanns=
beern.
Als nun wohl sie geordnet den stattlichen Schmaus auf dem Teppich,
Neigte das blühende Mädchen sich hold und lud die Gesellschaft:

Hurtig, heran, ihr Kinder, und lagert euch rings um die Feldkost,
Froh, wie der Schnitter im Kranz und die Binderin schmausen zu
 Mittag,
Unter dem wehenden Baum, wann langhin Garben gereiht stehn,
Und sie der Herr hoch speiset in Fröhlichkeit, auch für den Abend
Tanzmusik auf der Tenne verheißt! — Ihr, froh und genügsam,
Wißt ein ländliches Mahl zu entschuldigen! — Drohest du, schilt nicht,
Guter Papa! Denn heut am Geburtstag' hab' ich Erlaubniß
Recht unartig zu sein; und du trinkst doch meine Gesundheit!
Mutter, du sorgsame Mutter, du hast mir den Wein ja vergessen!

Ihr antwortete drauf die gute, verständige Hausfrau:
Mädchen, du bist muthwillig und wähnst, es bedeute was Rechtes,
Heute geboren zu sein, du achtzehnjähriges Küchlein!
Schnippisches Kuckindiewelt! Sehr gut, daß der Dirne Geburtstag
Einmal im Jahre nur kömmt; sonst wüchsen die Bäum' in den
 Himmel!
Siehe, der ehrliche Hans hat Milch und Wein uns bedachtsam
Abgekühlt im Schilfe des Sees. Hier bringt er den Korb schon.

Also schalt die Mama; da nahete Hans mit dem Weinkorb,
Ehrbar, zuckte den Hut und redete vor der Gesellschaft:

Heut ein prächtiger Tag, für die Heumahd und das Geburtsfest!
Klare Luft giebt klares Gesicht! Gott segne die Mahlzeit!

Also der Knecht, und stellte den Korb an die Buche mit Vorsicht.
Schnell das Gepäck ausräumend, begann der gemüthliche Vater:

Hans, du bringst ja die Meng' Herzstärkungen! Schaue dein
 Antheil,

Blank an der Sonne wie Gold! Doch trink' auch der Tochter Ge=
               sundheit;
Denn sie füllete selbst dir dies anmuthige Fläschlein.

 Sprach's, und reichte die Flasch', und dankbar schmunzelte jener.
Karl nun hüpfte behend' um den Maibusch, wo er die Erdbeern
Heimlich versteckt, und stellte den duftenden Korb auf den Teppich,
Stolz, indem er vom Laub' ihn enthüllete. Vater und Mutter
Staunten, woher so Schönes, und lächelten seiner Erzählung,
Lobend das Körbchen sowohl, wie die saftige Röthe der Erdbeern.

 Also schmauseten jen', in behaglicher Ruhe vereinigt,
Auf sanftschwellendem Moose des weitumschattenden Buchbaums.
Schon sank tiefer die Sonn' und ergoß vielfarbige Schimmer
Durch abhangendes Laub, oft nöthigend, weiter zu rücken;
Kaum noch wankte das Rohr, und der See ward glatt wie ein Spiegel.
Rastlos tönte der Heimen Geschwirr, und Vögelein sangen:
Fernher rief Rohrdommel und Kibitz, nahe der Kuckuk,
Ringsum Amsel und Fink und Emmerling; drüben vom Kornfeld
Lockte die streifende Wachtel, die Ringeltaub' in dem Ulmbaum
Gurrt', und es krächzte der Rak mit himmelblauem Gefieder.

 Als sie der Speise nunmehr sich ersättiget und des Getränkes,
Feierlich hob der Papa mit geschrobenem Zuge den Stöpsel
Einer Flasch', und vertheilte zum Nachtisch goldenen Steinwein:
So vom Kellner genannt; doch der feinere Kester benamt ihn
Harfenwein, denn er reget dem Harfener hellen Gesang auf.
Dessen hatt' im Beginne des Mai's der eutinische Gastfreund
Ihm zwei Flaschen gebracht: da leerten sie eine dem Frühling
Unter dem blühenden Baum, und die andere blieb unentsiegelt,
Aufgespart für der lieben und einzigen Tochter Geburtstag.
Jetzt da er Allen umher des ambrosischen Trankes gespendet,
Nahm der Vater sein Glas und gebot in kräftigem Ausruf:

 Angeklingt! Denn es gilt die Gesundheit unseres Kindes!
Lebe die gute Luis' uns lang' und sich selber zur Freude!

Also der Greis; und umher klang helles Gekling' an einander.
Nur des Jünglinges Glas mißtönt' in dem Klange mit taubem
Puff; da bebräut' ihn ernst mit geschütteltem Haupte der Vater:

Tausendmal hab' ich Ihn, Sohn, an die Erzuntugend erinnert!
Klappt nicht immer Sein Glas, wie ein spaltiger Topf und des
neuern
Dichterschwarms ungeschliffner Hexameter, welcher daherplumpt
Ohne Takt und Musik, zum Aergerniß! Kann Er nicht anders?
Oder gefällt es Ihm nicht? Ein jegliches Ding hat doch Regeln,
Die, der Natur ablauschend, zur Fertigkeit reifet die Uebung!
Kein Wohlbedenkender faßt an den oberen Kelch, wenn er anklingt;
Nein, an den Fuß! Dann klingt Harmonikaklang in den Glück=
wunsch!

Lächelnd erwiederte drauf der edle, bescheidene Walter:
Nicht so gezürnt, mein Vater! Das rosenwangige Mägdlein
Blickte mit schelmischem Auge mich an; da vergaß ich die Regel.

Jener sprach's, einhüllend in Leichtsinn seine Verwirrung,
Nicht unentdeckt von den Alten, die aufmerksamer ihn ansahn.
Doch ihm drohte Luise mit aufgehobenem Finger,
Feuerroth; und sie lachten des hold erröthenden Mägdleins,
Alle, der Jüngling zugleich mit unwillfährigen Lippen.
Aber sie that nachlässig und schnellt' auf den Knaben den Kirschkern.

Hans nun, welchem die Mutter ein kleineres Tuch an den Mai=
busch
Hingedeckt und reichlich mit Trank und Speise belastet,
Als er das helle Gekling' in der Fern' und den munteren Glückwunsch
Hörete, füllt' er zum Rande sein Glas und trat zu der Herrschaft,
Langsam, nicht zu verschütten den edelen Trank in die Wildniß.
Nah' jetzt, neigt' er das Haupt unbedeckt und redete also:

Nun mit Verlaub! Ich trinke des Jüngferchens werthe Gesund=
heit!

Rückwärts beugt' er den Nacken und trank und lächelte trinkend.
Als er geleert auf den Grund, da schwenkt' er das Glas mit dem
Ausruf:

Segne mir Gott vom Himmel das Jüngferchen, wie er bisher sie
Trefflich an Leib und Seele gesegnete! Hab' ich so manchmal
Doch als lallendes Kind sie gewiegt auf dem Arm und geschaukelt,
Daß sie im Spiegel ihr Bild anlächelte! Schmuck war sie immer,
Und wie ein Engel so fromm! Ihr Bräutigam preise sich glücklich!

Schalkhaft sagte dagegen mit traulicher Stimme die Jungfrau:
Hänselchen, willst du mich frein? Ich hab' in der Kiste so manchen
Blanken Thaler gespart: mein köstliches Pathengeschenk erst,
Dann was die Base bescheert zum Geburtstag' oder zu Weihnacht!
Auch versteh' ich die Nadel zur Noth, und die Knütte versteh' ich,
Brot zu backen, zu brau'n und ein Leibgericht zu bereiten!

Sprach's und bot ihm die Hand; da begann die verständige
Hausfrau:
Hüte dich, Hans, ihr zu trauen, der Spötterin! Achte der Falschheit
Viel zu gut dein ehrlich Gemüth! Zwar stattlich von Gliedern
Ist sie dir, aber zu faul, und die seidenen Händchen zu vornehm!
Geh' nur und rüste den Kahn zu der Abfahrt. Denn wo mir recht ist,
Feuchtet der Rasen bereits. Wol sagt' ich es! Laßt uns denn aufstehn;
Oder wir haben zum Lohn vom Geburtstag' Husten und Schnupfen.
Schmaust die Kirschen im Kahn, ihr Kinderchen, und die Johannes=
beern.

Also gebot die Mama, und die Anderen, willig gehorchend,
Trugen des Mahles Geräth in den räumigen Kahn des Verwalters;
Ein dann traten sie All' und setzeten sich auf die Bänke.
Hans, nachdem er gelöset das Hemmseil, schob von der Anfuhrt
Ab und drehete klüglich die schäumende Fluth mit dem Ruder.
Fernher glühten wie Gold die Fenster der Kirch' und des Schlosses,
Welche die Sonn' absinkend beleuchtete; rings an den Ufern
Hingen Gebüsch' und Saaten, von röthlichem Scheine beduftet,

Umgekehrt in der Fluth, und zitterten über den Wölklein,
Sammt dem Füllen am Bach und der Melkerin unter dem Weidicht.
Kunstreich ruderte Hans aus der Bucht und ermahnte die Jungfrau,
Welche bang' an den Jüngling im wankenden Kahne sich anschloß.
Jetzo schwebte der Kahn am krummen Gestad' um ein Röhricht
Und braunkolbiges Ried; Seelilien jetzo durchrauscht' er,
Die gelb blühten und weiß, breitblätterig; jetzo den Vorgrund,
Wo hell Muschel und Kies aufschimmerte. Gegen den Holm dann
Schnitten sie grade hindurch die dunklere Tiefe des Seees.
Mehr noch zuckte Luis', an den Jüngling gelehnt, und sie drückt' ihm
Aengstlich die Hand; doch verschämt, wann er lächelte, schaute sie
nieder.
Solches bemerkt' und strafte mit Glimpf die verständige Hausfrau:

Ei! wie das närrische Mädchen sich anstellt!. Ist denn der Kahn
nicht
Aehnlich dem Boot? Nicht kundig, wie Steuerer, unser Pilot Hans?
Nicht wie ein Spiegel der See? Gleich fasse dich, oder ich wiege!
Sonst so keck und verwegen, wenn's gilt in die Bäume zu klettern,
Ueber die Gräben zu springen und hoch in die Luft sich zu schaukeln,
Oder auch gleiten zu gehn mit Amalia, welche dir gleich ist,
Auf dem gefrorenen Bach und der Gleitbahn, recht wie die Kinder!
Schlag' ein Tuch um den Hals, dies seidene, das ich dir mitnahm,
Aus der Geburtstagsernte. So mild auch schmeichle der Abend,
Kühl ist's doch auf dem Wasser, und Vorsicht reuete Niemand.

Hierauf redetest du, ehrwürdiger Pfarrer von Grünau:
Mutter, sie macht die Verzagte; du siehst, wie verstohlen sie lächelt.
Herzhaft Allem begegnen, das läßt unjüngferlich, meint sie.
Töchterchen, folge dem Rath und verhülle dich. Besser ist besser;
Hüpft dir auch in den Pulsen das achtzehnjährige Blut noch
Jugendlich. Schaue, da hängt des Neumonds werdende Sichel
Duftig. Wohlan! „Willkommen, o silberner Mond" ihm gesungen!
Frischer Gesang giebt Muth auch dem Zärtlinge; schreienden
Kindern
Naht im Gesange der Schlaf; mit Gesang schlug Luther den Teufel!

Blöde zu ihm aufblickend, begann die rosige Jungfrau:
Vater, ich bin nicht feige, wie selbst du bemerkt nach der Wahrheit;
Dein und der kecken Mama nachartendes Töchterchen hör' ich
Gern mich von Manchem genannt, und gewiß an Tapferkeit bin ich's!
Aber gewiegt von der sanft um den Kahn hergleitenden Wallung,
Sank ich in kindische Träum' und schauete Spinnerinmährlein.
Wie? Wenn mit schuppigem Schwanze des Sees grünhaarige Nire
Plötzlich aus dunkeler Tief' aufstrudelte, mich zu entraffen!
Dacht' ich, und zuckte vor Angst. Denn, Väterchen, gerne noch
länger
Bleib' ich bei dir und Mama und den redlichen Freunden des Hauses!

Ihr antwortete drauf der edle, bescheidene Walter:
Unter der Hausfreundschaft, die gern auch Luise behält, ist
Redlicher Keiner denn ich! Nachartende Tochter der Eltern
Nennen sie Viele mit Lust, insgeheim und grad' in das Antlitz;
Unter den Vielen ich selbst, und nicht blos Tapferkeit rühm' ich!
Singe denn unsre Luise dem Väterchen, was er verlanget.

Also redeten jene, für sich ein Mehreres denkend.
Aber die Jungfrau hüllte die stattliche Seid' um die Schultern,
Gleich hyacinthener Röthe, mit glänzendem Grüne gebordet,
Walter's Ehrengeschenk; und sie dankte der sorgsamen Mutter,
Auch mit freundlichem Blicke dem Jünglinge, lobend das Festtuch.
Jetzo begann holdselig ihr Lied die melodische Jungfrau;
Und des Gesangs Wohllaut, eindringendem Worte vereinigt,
Wallete hell, dann leise gedämpft, in die Stille des Abends.
Vom hinschmelzenden Halle gesänftiget, lauschten sie ringsum,
Fühlten erstaunt der Natur Hoheit, und schwangen sich aufwärts
Ueber Mond' und Gestirne zu Gott und den Seligen Gottes.
Selbst der Ruderer hemmte den Schwung, daß der Kahn unbewegt
stand.
Halb noch ober der Welle, die funkelte, schwebte die Sonn' jetzt,
Glutroth; nun, nun sank sie hinab, und feurige Schimmer
Flammten empor, bis Himmel und See weit glommen in Purpur.
Jene feierten still, und der Ruderer lenkte den Kahn fort.

Bald war nahe der Holm, wo Netz' und Hamen auf Gaffeln
Trockneten, und für die Nacht Fangzeug auslegte der Fischer,
Traulichen Gruß herrufend des Dorfs umgänglichem Pfarrherrn.
Aber es freute sich Karl des schreienden Wassergeflügels
Ueber dem Holm, und des Hechts, der beglänzt vom Abend empor=
           sprang,
Und wie die Möw' hochher auf den Fisch abstürzete rauschend.
Dann rathfragt' er den Lehrer, warum so gebrochen des Ruders
Bild in der Welle den Kahn umschlängele; weiter gerückt dann,
Ruft' er dem Wiederhall' in des ritterzeitlichen Wachtthurms
Oedem Gemäu'r, liebkost' ihm und schalt, und lachte der Antwort.

Sinnreich schmunzelte Hans und sprach, mit dem Finger be=
           deutend:
Sicher erzählt' Ihm, Junker, die Wärterin, als Er ein Kind war.
Was dort gaukelt und lacht, ist ein Kobold, welcher vor Alters
Hier unritterlich schaltet' im Land', als schnappender Strauchhahn.
Dafür spukt er im Thurm und umher wie ein schäkernder Unhold.
Selbst ja den neckischen Mönch mit dem Irrlicht, welcher die Seenix'
Unten am Moore besucht, wie vordem als Nonne des Klosters,
Neckt' er, das Licht ausblasend; im Hui saust Höllengespenst um.
Also lautet die Mähre; jedoch der Vernünftige glaubt's nicht.

So in Gespräch und stillen Betrachtungen schwebten sie vorwärts,
Fröhliches Muths; doch der Jüngling zumeist, und die rosige Jungfrau,
Welche vertieft dasaß und voll süßschwärmender Ahnung.
Heiter und still war Allen das Herz wie die spiegelnde Welle,
Während der Vater vergnügt sein ruhiges Abendpfeifchen
Raucht', und dabei mit Walter, der nicht auf Alles Bescheid gab,
Häufig ein Wort einsprach von Gelehrsamkeit und von der Zeitung.
Als er die Pfeife nunmehr ausklopft' an dem Borde des Kahnes,
Streifte die Kalmuswiese der Ruderer, nahe der Anfuhrt.
Laut nun redetest du, ehrwürdiger Pfarrer von Grünau:

Gott sei Dank für die Freude des Tags und die Freude des
           Abends,

Der uns morgende Heitre verkündiget! Eben so heiter
Müß' auch meiner Luis' aus lauterem Tage der Jugend
Mild ein behagliches Alter hervorgehn! Eben so mild' uns
Ruhiger Lebensabend der Ewigkeit herrlichen Aufgang!

Sie auch redete nun mit herzlicher Stimme, die Mutter:
Kind, dir bleibe der Tag mit dem Abende hell im Gedächtniß,
Unter den heiteren Tagen, die uns du, Süße, gebracht hast!
Nenn' ihn immer mit Lust, auch wann wir künftig getrennt sind!

Also rief sie bewegt. Doch die Jungfrau, glühend im Antlitz,
Sprang von dem Sitz und umarmte mit Heftigkeit Vater und
Mutter,
Sprachlos. Endlich begann sie die stammelnden Laute der Inbrunst:

Ruhe der Segen auf mir, Ehrwürdige, den ihr gesegnet!
Sprach's und setzte sich wieder zum Jünglinge, der wie verloren
Saß in wonnige Träume, den Blick auf die Welle gesenket.
Ihr nun drückt' er die Hand, unverhehlt den liebenden Eltern.

Matt schon glüht' im Westen die Gluth; ein Stern nach dem
andern
Trat aus dem Glanz und umblinkte die hellere Sichel des Mondes:
Als der rauschende Kahn an der knorrigen Eiche des Ufers
Landete, wo mit der Kett' ihn Hans anschloß nach der Ordnung.
Lieblich hauchte des Grases Geduft her; aber sie eilten
Durch die geschorene Wiese, die thauigen Schwaden vermeidend;
Und sie erhob vorsichtig den Saum, die verständige Jungfrau,
Zeigend das Untergewand und schimmernde Strümpf' in der
Dämmrung.
So im Geröchel des Sumpfs und dem einsamen Surren des Käfers,
Längs dem grenzenden Walle, mit Dorn umwachsen und Haseln,
Gingen sie, wo noch zirpte die Grill', und im Kraute der bläulich
Flimmernde Glühwurm lag. Nun stiegen sie über das Gatter,
Kamen in's Dorf und grüßten die stille Schaar vor den Häusern,
Und wo Nachbarshaufen zu Rath und Gespräch sich gesammelt.

Hans nun reichte den Schlüssel dem fleißigen Knecht des Verwalters,
Der an des Hofs Eingange die klingende Sens' auf dem Amboß
Hämmerte, morgen noch mehr des gesegneten Grases zu mähen.
Abendlich pickte die Uhr, und die Eul' im Glockengestühl schnob;
Und sie empfing an der Pforte der Hund mit freundlichem Wedeln.

Zweite Idylle.

Der Besuch.

Klar aus Dämmerung stieg am goldenen Himmel der Maitag,
Lieblich Wärm' ankündend, und leuchtete sanft in die Fenster,
Daß ihr scheibiger Glanz mit wankendem Schatten des Pfirsichs
Glomm an der Wand und hellte des Alkovs grüne Gardinen,
Wo sich erquickte der Greis nach emsiger Amtesbesorgung.
Durch den Schimmer geweckt und den Schlag des Kanarienvogels
(Denn nur leis' umschwebte der Schlaf, von des kommenden Tages
Bilde gestört, sein Herz mit flüchtigem Traume der Ahnung),
Hub er den wackeren Blick muthvoll und faltete herzlich
Betend die Hände zu Gott, der rüstige Kraft und Gesundheit
Wieder geschenkt zur Pflicht des Berufs, und in nächtlicher Stille
Väterlich abgewandt von den Seinigen Feuer und Diebstahl.
Jetzo mit Macht anstrengend den Bettquast, dreht' er sich langsam

Um und streckte die Hand, sein Mütterchen, welches benachbart
Ruht' im vorderen Bett, als früh aufstehende Wirthin,
Sacht aus dem Traume zu wecken, mit Hohn, daß sie heute ver=
schliefe.
Aber die Stätte war leer. Da riß er den rauschenden Vorhang
Hastig zurück und spähte, wie weit denn die Sonne gerückt sei.
Sieh, und festlich geputzt, durch die gläserne Thüre des Alkovs,
Lachte daher die vertraute Stubirstub', und vor dem Lehnstuhl
Prunkte mit Dresdener Tassen der schön geäderte Theetisch,
Welche die häusliche Frau vornehmeren Gästen nur anbot,
Etwa dem Probst beim Kirchenbesuch und der gnädigen Gräfin,
Auch wenn das Hochzeitsfest sie erfreuete und ein Geburtstag.
Selbst das silberne Kaffeegeschirr, der geliebtesten Gräfin
Pathengeschenk, mit der Dos' und den weinlaubstieligen Löffeln,
Blinkt' im röthlichen Glanz hochfeierlich. Draußen am Heerd' auch
Hört' er geschäftige Red' und die rasselnde Mühle des Kaffee's,
Unter der knatternden Flamme Gesaus' und des siedenden Kessels.
Zweimal zog er den Ring, daß hell in der Küche das Glöcklein
Klingelte. Schnell nun kam in ehrbarem Schmucke die Hausfrau,
Bot ihm fröhlichen Morgen und fragete, herzlich ihn küssend:

Wacht mein Väterchen schon? Da ich aufstand, schliefst du so
ruhig;
Auch ganz leis' entschlüpft' ich dem Bett'; in der Hand die Pantoffeln,
Ging ich auf Socken hinaus, und es gab nicht Angel noch Drücker
Einigen Laut, die ich jüngst einölete, deinem Befehl nach.
Siehe, die Augen wie klar, als dräng' ein Gedanke zum Ausbruch
Froh aus dem Herzen empor! Doch warte nur! Gegen den
Hahnschrei
Hast du mir wieder im Traume geprediget, bald mit verstärktem
Ausruf, bald mit Gestöhn', daß mir's wehmüthig um's Herz ward.
Was ich verstand, klang völlig wie segnende Red' an dem Trautisch.

Also Mama; da drückte der redliche Vater die Hand ihr
Mitleidsvoll und verstummt; dann herzhaft sprach er das Wort
aus:

Hab' ich dich wieder gestört, mein Mütterchen? Da du so lieb=
reich,
Du gutherziges Weib, mir abwehrst jegliche Störung?
Richtig, getraut ward eben. Mein Text war: „Willst du mit diesem
Manne ziehn?" und die Bilder des Wegziehns machten mich
traurig.
Aber wie sehr auch schmerze des trautesten Kindes Entlassung,
Dessen Gestalt wohl künftig bei Tag' und in Träumen uns ver=
schwebt;
Dennoch, waltete nicht dies Jahr noch die Wittwe des Pfarrhofs,
Allzusehr einengend die Kinderchen; oder ihr Weiber
Hättet nur erst aus dem Rohen gefertiget alle die Aussteu'r,
Linnen und Schränk' und Betten und anderen Trödel der Wirthschaft,
Was wol Kind und Enkel nicht aufbraucht! Heute fürwahr noch
Wollt' ich von Herzen sie trau'n: Seid fruchtbar, Kinder, und mehrt
euch!
Denn das ordnete Gott, da dem Mann er gesellte die Männin!
Zeuch in Frieden, o Tochter, ein Haus zu erbauen durch Weisheit
Und holdseliges Thun, als liebliche Krone des Mannes!
Siehe, fürwahr, weit edler denn Gold und köstliche Perlen
Ist ein tugendsam Weib; deß lebt der Gesegnete länger!
Thut euch Liebes hinfort, thut, Kinderchen, nimmer euch Leides,
Bis euch scheide der Tod! — Nun, Mütterchen, nicht so ernsthaft!
Sieh' mich an! Wir selber verließen ja Vater und Mutter.
Auch dein Vater ja machte sich stark und die liebende Mutter,
Als uns weit in die Fremd' Abziehenden lange sie nachsahn,
Und an der Ecke nunmehr wir zurücksahn, winkend den Abschied.
Stumm dann saßen wir Beide, die Händ' in einander gefaltet,
Weder des schönen Gefilds achtsam in besonnetem Frühthau,
Noch des schwebenden Lerchengesangs und des fleißigen Landvolks,
Bis dich das Wort: „Dir bin ich von nun an Vater und Mutter!"
Kräftigte, das du im Kusse: „Ja, dein auf ewig!" zurückgabst,
Bald der tagenden Welt Aufheiterung, wackeres Blickes,
Weitum sahst und plötzlich ein munteres Trillerchen anhubst,
Selber darauf dich strafest, dieweil noch trau'rten die Eltern.
Siehe, wie damals, dünken wir uns in den trautesten Kindern

Neu zu erblühn, du Braut, ich Bräutigam wieder, um standhaft
Noch einmal zu beginnen verschlungene Wege der Vorsicht,
Sprößlinge frisch aufwachsen zu sehn, und in herzlicher Eintracht
Lebensfroh mit einander zu nahn bem behaglichen Alter:
Du, gleich deiner Luis', in Lustigkeit schwärmend aus Tiefsinn,
Unruhvoll und beherzt; ich treu, wie Walter, und kopffest!
Hurtig, den Schlafrock her, den festlichen neuen von Damast;
Auch die Mütze von feinem Batist! Denn ich muß ja geschmückt sein,
Wann der Bräutigam kömmt von Selborf, jenes berühmten
Hochfreiherrlichen Guts hochwohlehrwürdiger Pastor.
Horch! Da blies ja die Post und rasselte über den Steindamm!

Also der Greis; und die Mutter enttrocknete schnell sich die
   Thräne.
Lächelnd erwiederte dann die gute, verständige Hausfrau:

Männchen, das war in der Küche! Susanna windet ihr Garn ab,
Daß die beschleunigten Rollen sich drehn im rummelnden Umlauf,
Ohne Verzug, um den streng' anmahnenden Weber zu fördern.
Denn gern sähe sie bald mit bleichendem Linnen den Anger
Ueberspannt, und ergänzt die gewaltigen Lücken des Schrankes,
Welchen Luis' ausleert nach der Bräut' uralter Gewohnheit.
Mag sie! Die Zeit wird kommen, daß auch ihr Töchterchen aus=
   räumt!

Sprach's und trat zur Kommode, der blankgebohnten von Nuß=
   baum,
Mit braunmasrigem Feld' und zwei palmtragenden Engeln,
Zwar altmodischer Form, doch werth als mütterlich Erbstück,
Die des Gemahls Amtsbeffchen, die Oberhemb' und die Aermel
Einschloß, und in der Schachtel ein Paar steiffaltiger Kragen,
Jenem ein Gräul, auch den schönen und weitbewunderten Tauf=
   schmuck,
Und hellflitternde Kronen, gewünscht von den Bräuten des Dorfes.
Jetzo fand sie die Mütz', uralthnlicher Feierlichkeit voll,
Welche zuerst ihn geschmückt als Bräutigam, ländlich und sittlich,

Aber seitdem alljährlich am heiteren Tage der Hochzeit:
Die nun reichte sie dar und lächelte. Dann im Gewandschrank
Nahm sie den Festschlafrock von stahlblauwollenem Damast;
Ueber die Lehn' ihn breitend des Armstuhls, sagte sie also:

Wie wird unsere Braut und der Bräutigam schau'n mit Ver=
wundrung,
Wann hochzeitlich geschmückt das behagliche Väterchen dasteht!
Dehne dich immer zuvor noch ein Weniges; denn zur Gesundheit
Dienet es, saget der Arzt; die Natur will, daß sich das Kindlein
Dehne, vom Schlummer erwacht, und das Vögelchen schüttle die
Federn.
Dann die weicheren Strümpfe, die festlichen, sollst du mir anziehn,
Welche Luise gestrickt aus Lämmerwolle des Marschlands,
Daß nicht kalte der Fuß in der kühligen Stunde des Morgens.
Auch dies seidene Tuch sei verehrt dir, welches Luise
Sonntags trug um den Hals; sie bestimmt' es dem Väterchen längst
schon.
Lies noch ein Weilchen im Bett, wie du pflegst, ein Kapitel der Bibel
Dort auf der kleinen Riole zur Seite dir, oder ein Leibbuch
Besserer Zeit, als Menschen wie Washington lebten und Franklin,
Oder den lieben Homer, der einsamen Abende Tröster,
Welchen das Kind anhöret mit Lust und der Alte mit Andacht,
Daß du es warm mittheilst bei dem Frühstück! Unsere Post hat
Zeit! Des Verwalters Georg, der die Pferde bewacht in der Koppel,
Meldet es, wann er das Blasen des Posthorns über den See her
Hört; dann schwinget der Weg noch weit sich herum nach dem Dorfe.
Dort am Wald' ist ein Echo, da bläst der fröhliche Postknecht
Gerne sein Morgenlied und den Marsch des Fürsten von Dessau.

So, wohlmeinendes Sinnes, ermahnte sie. Aber der Pfarrer
Hörete nicht; auf stand er und redete, rasch sich bekleidend:

Mutter, wer kann nun lesen! Ich bin unruhig und lustig,
Mehr denn die edlen Phäaken Homer's und die muthigen Freier,
Eben so gut mich dünkend wie Washington oder wie Franklin!

Bald muß kommen der Sohn! Denn gewiß, als muthiger Freier,
Tummelt er redlich die Gäule mit bräutigamswürdigem Trinkgeld!
Wer gut schmiert, der fähret auch gut! Dein Georg hat geschlummert,
Oder auch selber ein Stück auf der Feldschalmei sich gedudelt.
Fest ja steht um die Gleise der Sand, da das gestrige Wetter
Selbst für die Heide genug platzregnete. Weiset die Uhr nicht
Funfzig Minuten auf fünf? O, wie oft dann las ich die Zeitung!
Hurtig das Becken gereicht und das Handtuch! Wahrlich, das Antlitz
Glüht, als hätt' ich, vertieft in des Ewigen Wundergeheimniß,
Voll zuströmende Worte geprediget, oder mit Walter
Ueber Europa geschwatzt und Amerika, jenes im Dunkel,
Dies im tagenden Lichte der Menschlichkeit! Oeffne das Fenster!
Frische Luft ist dem Menschen so noth, wie dem Fische das Wasser;
Oder dem Geist frei denken, so weit ein Gedanke den Flug hebt,
Nicht durch Bann und Gewalt zu den folgsamen Thieren entwürdigt!
Ah! Wie der labende Duft da hereinweht, und wie der Garten
Grünet und blüht, von des Thau's vielfarbigen Tropfen umfunkelt!
Schau' die Morell', und die Pflaum', und dort an der Planke den kleinen
Apfelbaum, wie so voll er die röthlichen Knöpfchen entfaltet;
Und den gewaltigen Riesen, den schneeweiß prangenden Birnbaum!
Das ist Segen vom Herrn! Fürwahr, wie die Bienen und Vögel
Möchte man schwelgen im Duft, „Herr Gott, dich loben wir" singend!
Aber die Braut, wo bleibt sie? Die oft mit dem Hahne mir aufsteht,
Häufte sich Festarbeit, und am Pult mir den Kaffee besorget,
Selbst in winternder Nacht, wann noch mein Mütterchen nachschläft.
Nun ist weder Geräusch hörbar, noch heimliches Trippeln
Ueber mir. Mutter, was gilt's? Sie verschläft des Bräutigams Ankunft!

Staunend erwiederte drauf die gute, verständige Hausfrau:
Vater, bedenk', was du sagst! Sie verschläft des Bräutigams Ankunft?
Unsere rasche Luise verschläft? Und des Bräutigams Ankunft?

Sag' auch, es schlaf' im Mausen die Katz' und der Has' an der
Trommel!
Nein fürwahr! Ich sage, das Töchterchen steht vor dem Spiegel,
Kleidet sich, ordnet das Haar in schlau erkünstelter Einfalt,
Ordnet des lilienweißen Gewands hellrosige Bänder,
Ordnet das lustige Tuch mit Bescheidenheit, und den gewählten
Blumenstrauß, holdlächelnd und gern noch schöner sich machend.
Oder sie schlich in den Garten hinab und beschaut die Aurikeln,
Unruhvoll und roth im Gesicht, wie die Gluthen des Himmels;
Blickt oft über den Zaun und hört die Nachtigall schmettern
Unten am Bach, und hört, o mit klopfendem Herzen! das Posthorn.
Holla, da blasst an der Pforte Packan; nun gelfert er freundlich
Einem Bekannten den Gruß! Das wird mein guter Georg sein.

Kaum war geredet das Wort, da klingelt' es rasch, und Susanna
Oeffnete. Plötzlich erschien in gezottelter Hülle der Eidam.
Aber vor Freude bestürzt und Verwunderung, eilten die Eltern,
Und „Willkommen, o Sohn! willkommen uns!" riefen sie herzlich,
Fest an die Brust ihn gedrückt und Wang' und Lippen ihm küssend.
Sorgsam streift' ihm die Mutter das Reisegewand von den Schultern,
Nahm ihm den Hut und stellte den knotigen Stab in den Winkel,
Sammt dem türkischen Rohre, dem stattlichen, welches gebracht schien
Für den Papa, deß Höhe mit staunendem Blicke sie abmaß.
Thränend begannst du sofort, ehrwürdiger Pfarrer von Grünau:

Gott sei gelobt, mein Sohn, der väterlich unser gesorgt hat
Und wie die Wasserbäche das Herz der Gemeine gelenket,
Daß Ihn All' einmüthig erwähleten, Prediger Gottes
Ihnen zu sein, der Natur und der Menschlichkeit weiser Verkünder,
Die uns Endlichen sind des Unendlichen dämmernder Abglanz!
Ueb' Er denn Gottes Beruf mit Freudigkeit, stets wie Johannes
Lehrend das große Gebot: „Liebt, Kindelein, liebt euch einander!",
Nicht durch eitelen Zank um Geheimniß oder um Satzung
Nahen wir Gott; nur Liebe, des Endlesliebenden Ausfluß,
Schafft uns Vertrauen und Glauben zum Heil des gesendeten Helfers,
Der sein Wort mit dem Tode versiegelte. (Religion sei

Uns zum Gedeihn, und nicht unthätiger Religion wir!)
Solches aus Schrift und Vernunft einpredigend, selber ein Beispiel,
Leucht' er zu irdischem Wohl und himmlischem! — Nun, was ich sagen
Wollte: das Pfarrhaus, schreibt er, ist hübsch und bequem für die Hausfrau;
Auch für den grübelnden Mann ein sonniges Stübchen mit Aussicht;
Fehllos Scheuer und Ställ', auch Vieh und Ackergeräthschaft,
Wie wir's Alles gehofft von des Landbau's kundigem Vorfahr:
Aber die Gärten in Wust und Verwilderung, Blum' und Gemüs' arm,
Quecke genug, unedel das Obst und die Bäume verwahrlost.
O, was sind wir Menschen doch wunderlich und unerklärbar!
Nichtigem Leben allein zum Gebrauch arbeiten wir ängstlich,
Selbst wir Weisen der Welt; der Erwerb ist Blume der Weisheit!
Als ob vom Brote der Mensch und nicht vom Geiste der Gottheit
Lebete! Dennoch sind im Erwerb' auch Wenige sinnreich.
Was nicht stracks dem Gebrauch einträgt, das verachten wir sorglos,
Nicht Ameisen einmal im Vorausschn! Leicht ja gepflanzet,
Sproßt er und blühet empor, der dankbar schmeichelnde Zögling,
Und wird Baum, der die Aeste mit reifendem Nektar umherträgt.
Sohn, aus dem Garten erwuchs manch' saubres Geräth in die Wirthschaft
Und manch' theueres Buch, der Ertrag des veredelten Obstes,
Welches sich, frisch und gedörrt, abholt Seefahrer und Städter;
Dazu feinere Pflaumen und Pfirsiche sammt Aprikosen;
Dazu Pflänzlinge noch und frühere Schoten und Spargel,
Mancherlei Beer' und Melon', auch Kohl und edle Kartoffeln.
Was? Und den baaren Gewinn, wie erhöht ihn die Freude, durch Vorgang
Rings zum erwerbsamen Fleiße die Nachbarschaft zu ermuntern!
Baumarm war's; nun schmücken das Dorf Fruchtgärten und Obsthain.
Sohn, ich segne Sein Haus, und schenk' Ihm den Lüder zum Brautschatz!

Freundlich klopft' ihm die Wang' und sprach die verständige Hausfrau:

Vater, du kommst auch sogleich mit der Wirthschaft! War es die
Nacht kalt,
Armer Sohn? Wie verdrießlich das Amt schon drücket den Neuling!
Würd' ist mit Bürde gesellt; wer ein Amt hat, warte des Amtes.
Aber bei Nacht fünf Meilen durch Thau und kältende Nebel
Gehn zum Besuche der Braut, wie gewissenhaft! Wenn ja die
Nachbarn
Hinderniß oder Geschäft vorwendeten, konnte der Küster
Doch zur Noth die Gemein' aus dem redlichen Brückner erbauen!
Trinkt mein Sohn auch ein Gläschen für's Nüchterne? Oder nur
Kaffee?

Ihr antwortete drauf der edle, bescheidene Walter:
Kaffee nur, liebe Mama. Bei dem glimmenden Pfeifchen am Kaffee
Schwatzen wir über die Pfarr' und die fruchtbaren Gärten mit
Weisheit,
Und der Papa (o wie festlich die Bräutigamsmütze sich ausnimmt!)
Schenkt dem gelehrigen Sohne noch mehr Rathschläge zum Braut=
schatz.
Nicht auch das mindeste Leid hat Thau und kältender Nebel
Meinem Gewissen gethan. Anmuthiger als in der Tagsgluth
Fährt man heitere Nächte hindurch. Schwül nach dem Gewitter
Ruhte die Luft; rings lockte die Nachtigall aus den Gebüschen;
Während der Mond blutroth zum duftigen Rande hinabglitt,
Und vor dem Wetterleuchten die Pferd' oft stutzten am Wagen.
Nur da die goldene Früh' aufdämmerte, weht' es empfindlich
Ueber den See, bis die Sonn', in lieblichem Glanze sich hebend,
Grünau's Dächer beschien, den spitzigen Thurm und das Pfarrhaus
Mit aufsteigendem Rauch, und vorn auf dem Giebel das Storchnest.
Langsam karrt' indessen der unbarmherzige Schwager
Durch den Kies; denn ein wenig zu stark aus dem Glase vernüchtert,
Da Freigebigkeit ihn nicht hurtiger machte, nur durstig,
Nickt' er das Haupt rastlos; und zuletzt noch tränkt' er am Ufer
Sein unwillig Gespann bei gepfissenem Triller in Eins weg.
Auch der sinnige Schäfer, der dort die gehürdeten Schafe
Weidete, kroch nun erwacht aus bretternem Hüttchen auf Rädern;

Und wie dem belfernden Fix er nachsah, über die Augen
Deckend die Hand, laut rief er und jagete scheltend den Hund weg:
Gott zum Gruß, Herr Walter! Wie geht's? Willkommen in Grünau!
Rief's, da er über die Brach' anrennete, drückte die Hand mir
Kraftvoll, fragete viel und freute sich, minder geschlank mich
Wiederzusehn, und erzählte von Frau und Schafen und Kindern,
Auch von der neulichen Ostermusik, wo ich leider gefehlet,
Um auch das Meine zu thun bei dem rasch abrollenden Presto.
Kaum ging weiter der Zug, da begegnete singend der Jäger,
Stutzt' und begann auflachend: Aha! Der listige Waidmann,
Der uns das niedliche Reh wegbirscht, die behende Luise!
Ganz im Vertraun! Wir sandten ein schön Rehziemer dem Paster,
Das sich herübergewagt von der Zucht des eutinischen Landes,
Zart und feist, des Galans Ankunft zu verherrlichen würdig!
Fern dann grüßte der Fischer vom Bach, und zeigt' aus dem Kahne
Einen gewaltigen Aal, der blank an der Sonne sich umwand,
Und den erhobenen Hamen, belebt von Schuppengewimmel.
Nahe dem Dorf itzt hemmten die Fahrt ausziehende Pflüger,
Otto Rahn mit dem klugen Gesicht, und der jüngere Geldo,
Haltend zu Gruß und Gespräch. Doch schnell auf dem rasselnden
Steindamm
Flog ich vorbei und enteilt', abspringend am Krug, um den Kirchhof.
Hier ein türkisches Rohr und ächter Virginiaknaster,
Lieber Papa, der wie Balsam emporwallt, eben so ächt wol,
Als den Raphael schenkte, der israelitische Hausfreund,
Der, wenn er Waar' umbietet im Land', hier immer die Predigt
Unter dem Chor anhört. O, schauen Sie, Vater, das Rohr ist
Rosenholz, und der Kopf aus Siegelerde von Lemnos.

Jener sprach's; und der Vater bewunderte, freudig empfangend,
Wie so lang und gerade der Schoß des Rosengebüsches,
Blank von bräunlichem Lack, aufstieg mit der Mündung des Bernsteins.
Laut nun redetest du, ehrwürdiger Pfarrer von Grünau:

Welch ein Rohr! O gewiß aus der Mondstadt Konstantinopel
Mitgebracht von dem Freunde, dem Hauskapellan der Gesandtschaft,

Welcher im Bernstein auch das ambrosiaduftende Tröpflein
Rosenöls für die Braut ihm verehrete, das ungehemmt ihr
Anfüllt Schrank und Gemach mit ätherischem Geiste des Balsams!
Welch unermeßlicher Schoß! Bei Muhamet! Ueber den Scheitel
Raget er, gleich wie erwachsen im Rosenhaine der Huri,
Wo, am springenden Quell anmuthiger Rasen gelagert,
Voll paradiesischer Wonn' ausruht der geläuterte Moslem.
Aber im Ernst, mein Sohn! Zu der Pfeif' Anzündung bedarf es
Einer Cirkasserin wol; und Er raubet mir meine Luise,
Grausamer! Raubt mir Luise, des Einsamen flinke Gesellin!
Nun, laß fahren dahin! Mit dem Rohr im gepolsterten Lehnstuhl
Saug' ich gedehnt mir der Sorge Vergessenheit, stolz wie ein Mufti
Und der Vezier im Kaftan auf damascenischem Sopha!
Rasch den Virginiaknaster geprüft, ob des Rohres er werth sei,
Ob an Geruch zu vergleichen dem würzigen Maracaibo,
Wie mein Raphael seinen benamt. Weib, rufe Susanna,
Daß sie den Trank der Levant' einbring' und den brennenden Wachsstock!
Dann aus dem Schlafe geweckt die Cirkasserin! Während sie mein ist,
Soll sie meiner Geschäfte sich fleißigen, meine Vasallin
Neben dem Pult, in der Bibliothek, in dem labenden Keller,
Nun auch am dampfenden Rohr! Nicht wittere solches der Probst mir,
Daß die Lippen entweiht an dem türkischen Gräuel ein Pfarrer!

Ihm antwortete drauf der edle, bescheidene Jüngling:
Recht so, wackerer Vater! Die Tugenden, welche das Mägdlein
Streng' ausüben gelernt, soll nie sie verlernen in Seldorf,
Neben dem Pult, in der Bibliothek, in dem labenden Keller;
Daß bei Wechselbesuchen in Seldorf oder in Grünau
Stets dem Papa sie geschickt aufwart' als treue Vasallin.
Mütterchen, ob der Luis' auch wohl ist? Frühe ja pflegt sie
Aufzustehn, und während herum wirthschaftet die Mutter,
Emsig den lieben Papa mit Tabak zu bedienen und Kaffee.

Lächelnd erwiederte drauf die gute, verständige Hausfrau:
Faul, mein Sohn, ist die Dirne! Zuerst argwöhnte der Vater,
Und nun glaub' ich es selber: sie steckt noch tief in den Federn.

Sprach's und eilte hinaus und rief der treuen Susanna,
Die an dem Brunnenschwengel den tröpfelnden Eimer heraufzog:

Hole die silberne Kann' und spute dich, liebe Susanna,
Daß du den Kaffee geklärt einbringst und den brennenden Wachsstock.
Nicht zu schwach, wie gesagt! Der levantische haßt die Verdünnung.
Setze die Kann' auf Kohlen mit Vorsicht, wenn du ihn trichterst.
Flugs dann stich mir im Garten die neugeschossenen Spargel,
Die nach dem fruchtbaren Regen die Wärm' als Pilze hervorlockt,
Schneid' auch jungen Spinat; wir nöthigen, denk' ich, die Herrschaft.
Käme nur Hedewig bald von den Milchküh'n, ohne zu plaudern,
Daß sie sogleich vom Fischer die Krollhecht' und die Karauschen
Abholt', oder wenn sonst was Leckeres lief in den Fangkorb,
Dann mir die Laub' an dem Bach ausharkt' und mit trockenem Grande
Streuete, doch vor Allem den Gang! Leicht ordnet die Mahlzeit
Heute Papa dorthin, wo der Quell von gelegeten Steinen
Rauscht in den Bach, wie Hans, der verschlagene Grübler, es angab.
Dort insgeheim zu sinnen auf Predigten, oder zu schlummern,
Lockt der trauliche Winkel den Herrn; auch die Nachtigall liebt ihn.
Prächtig blüht da nunmehr die Kastanie, prächtig der Schneeball,
Cytisus auch und Syring'; und jugendlich glänzt dem gekrümmten
Erlengange das Laub, das, gefrischt vom Regen, gewiß heut
Kräftiger riecht. Nicht wahr, was schmunzelte meine Susanna?

Drauf im Hereingehn sagte mit leiserer Stimme Susanna:
Frau, Sie verrathe mich nicht! Der aussieht, als ob er niemals
Einem das Wasser getrübt, der Hans hat's hinter den Ohren!
Als ich das bleichende Garn einholete, kurz nach dem Thorschluß,
Das ich vergessen am Bach auf dem Grasplan, hört' ich es pickern
Oben am Quell, ganz leise, wie wenn mir ferne die Hausuhr
Pickerte, oder bei Nacht im Gebälk ein emsiger Wandschmied
Hämmerte, Todtenuhr in der graulichen Sage der Einfalt.
Flink ich hinan in der Stille. Da spukt mein Hänschen im Mondschein
Unter dem träufelnden Laube, wodurch hell flammte die Leuchtung,
Gleich dem geschäftigen Hauskobold, der nächtlicher Arbeit
Froh ist, wie Großmütter die Enkelchen lehren im Zwielicht.

Ständer, gesenkt in die Erd', und fugende Balken darüber,
Seh' ich, und Latten daran mit umwundenem Hammer genagelt.
Hans, nachwandelnder Schalk, was kramest du? frag' ich. Die
     Nacht ist
Niemands Freund, als wer im Berufe geht! Jetzo erkenn' ich,
Was du die Abende treibst, wenn du wegschlichst, unter dem Vorwand,
Wagen und Pflug zu ergänzen, du Listiger! — Still! ist die Antwort,
Heimliche Freude dem Herrn, vor Wind und Regen ein Schirmdach,
Wann er studirt und wann er den Bräutigam festlich bewirthet
Hier im Nachtigallbusch, an des fallenden Bornes Geplätscher.
Kommen sie morgen daher zur Mahlzeit oder zum Kaffee,
Dann wird gestaunt und gefragt, dann lausch' ich hinter Gesträuch wo. —
Hans, was zu thun recht ist, thu' öffentlich — heißt's in der Predigt —
Und nie scheue das Licht. Zum Lohn sonst hörest du: Das hat
Wieder der Bube gethan! — Ei nun! antwortet' er, wenn auch! —
Frühe besah ich das Werk: ein niedlicher Scheppen mit Halmdach,
Wänd' und Bänke mit Moos' und trockenem Schilfe gepolstert;
Auch, von birkener Rinde bedeckt, ein reinliches Tischlein,
Und zwei Bord' an den Seiten, für wenige Bücher und Schreibzeug,
Alles so heimlich und nett, wie es wol Einsiedler gewohnt sind.
Reinen Mund! denn, Mama, ich versprach Stillschweigen dem Thäter!

Also die Magd; und in froher Verwunderung sagte die Mutter:
Hänschen, du hast viel Schinken im Salz; doch üben wir Langmuth.
Art läßt nimmer von Art. Wann schattete grade der Krummstab?
Schweige denn, liebe Susanna, bis selbst urtheile der Vater,
Ob für die Streich' er solle gezüchtiget oder belohnt sein.
Sinnreich schützen wir jetzo den Ort, und, ohne zu fragen,
Decken wir ferne vom Bach im lustigen Schatten des Birnbaums,
Wo durch Blüthengewölbe die blumigen Gänge sich schlängeln.
Wann wir gespeist, dann lad' ich zum fallenden Born die Gesellschaft,
Daß wie bezaubert sie stehn vor der plötzlichen Wundererscheinung.
Tummle dich nun, und bereite dem heiligen Gaste das Frühstück!
Heda, wie rennend der Hahn vom gestapelten Holz mit den Weibern
Futter ertrotzt, und die Enten vom Pfuhl, und die Glucke mit
     Küchlein!

Täubchen, auch ihr? und du Schelm vom Sperlinge? Bin ich für
euch da?
Etwas Geduld! Gleich bring' ich ja Hafer und Klei' in der Wanne!
Aber was schimmerte da so geschwind' an dem Zaune vorüber?
Schon ein Besuch? Ja wahrlich! Amalia kommt mit dem Kleinen!

Sprach's, und zur Pforte des Hofes enteilte sie; unter dem Schauer
Hüpfte Packan frohknurrend hervor, und sie wehrte dem Schmeicheln.
Also rief sie entgegen, die gute, verständige Hausfrau:

Kinder, so früh an die Luft, da bethaut noch blinkt der Hollunder?
Und in so dünnem Gewand', Amalia? Frisch in Gefahr gehn
Müssen wir! Traun, wir Mädchen von achtzehn sind unverwüstbar
Heutiges Tags, bis Erfahrung uns witziget! Nun denn, du Leichtsinn,
Dennoch sei willkommen. O, denken Sie, meine Luise
Schläft noch fest wie ein Dachs, und der Bräutigam ist bei dem Vater!
Treten Sie ein; ich wecke. Wie wird sich das Töchterchen schämen!

Also Mama; da klopft' in die Händ' Amalia lachend.
Aber sie dämpfte die Stimm' und redete fröhliches Muthes:

Ach, unschuldiges Ding! Schlaflos an den Bräutigam denkend
Lagst du; da schwand der Gedank' in des lieblichen Traumes
Betäubung,
Unter den Brautmelodieen der Nachtigall! Roth von Gesundheit,
Gleich dem Säugling' am Busen, den sanft einlullte die Mutter,
Ruhst du, die Glieder gedehnt, Süßathmende! Mütterchen, laß mich!
Leise mit Kuß und Gelispel erweck' ich sie, und wenn sie aufstarrt:
Schmücke dich, spott' ich, mein Kind! Dein Bräutigam harret mit
Inbrunst!

Ihr mit drohendem Wink antwortete also die Mutter:
Wo mir Amalia wagt, mein armes Kind zu verspotten,
Das wol lang' unruhig gewacht und ein Weniges nachschläft!
Sorgsam, gleich wie die Mutter vom Säuglinge wehret die Fliege,
Wehr' ich von meiner Luise die Spötterin! Naht sie, so klapp' ich!

Muß nicht heute die Braut klaräugig den Bräutigam an!
Flink zu der Stube hinein, und gegrüßt in artige⸺ ..muth
Unseren gar blutjungen, noch kaum ehrwürdigen Pfarrer!
Denn ihm gilt der Besuch doch eigentlich. Nicht zu geschäftig
Liebgekost um den Walter (ich red' im Ernste, mein Mädchen),
Daß sich die Braut an der Freundin nicht ärgere, so wie ich selbst oft
Aergerniß fühlt' und Verdruß, wenn du, schmeichelnde Here, das
          Herz mir
Meines bethörten Gemahls abwendetest! Seid ihr vernünftig,
Kinder, so kommt arglos auf ein Stück Rehbraten zu Mittag,
Und auf ein freundlich Gesicht. Mit eigenem Fette beträufelt,
Sollt ihr bei uns hoch leben! Ich werd' auch die gnädige Gräfin
Nöthigen, daß sie einmal hier sind' hochgräfliche Tafel.
Dann mir gelacht aus dem Herzen, wie Landvolk! Dann mir
          geplaudert!
Sei's in der Laub' am Bach, sei's unter dem blühenden Birnbaum,
Der beim leisesten Wind' uns weiß die Schüssel beregnet.
Aber, in aller Welt, was tragen Sie unter dem schwarzen
Mäntelchen? Fast wie den Täufling die schmucke Gevatterin vorträgt!

 Und die gepriesene Gräfin Amalia sagte dagegen:
Eva, wüßten Sie das, mein Mütterchen; gerne vielleicht wol
Würde die Lust mir gegönnt, die Luis' aus dem Bette zu holen.
Einen Talar voll Würde, zur Festsamarie, bring' ich,
Schön, von gewässertem Taft, mit eigenen Händen genähet;
Zwölf Halstücher und Hemd' und zwölf brabantische Beffchen.
Wie dies Wundergebäu der Samarie glückte mir Laiin?
Allem zu rathen verstehn Jungfraun, gleich älteren Hausfraun!
Heimlich stahl mir Luise das Vorbild aus dem Gewandschrank
Ihres Papa's, wie Rahel die häuslichen Götter des Laban;
Hiernach formt' ich den Taft und schneiderte, oft in Gesellschaft
Meiner Luis', andächtig, mit unzähmbarem Gelächter.
Wenn wir das Festmahl heut' in der Bachlaub' oder des Birnbaums
Blüthengewölb' als Gäst' ihm verherrlichen, soll der Beding sein,
Daß er den Schmuck anleg', um recht amtsmäßig und ehrbar
Auszusehn. Nur Schad' um die fehlende Priesterperrücke

Und das gekräuselte Rad! Gar lächerlich schreitet ein Neuling
Unter dem langen Gewand und hebt den hindernden Saum auf.

Also sprach muthwillig Amalia; leichteres Gangs dann
Flog sie hinein zu der Stube, wo schon mit dem Greise der Jüngling
Manche Gespräch' einging von Gelehrsamkeit und von der Zeitung,
Aber zumeist, wie besser zu Frömmigkeit leite das Lehramt.
Leis' entschloß sie die Thür', und wie abgewendet sie standen,
Sprang sie hinan, die bestürzt Umschauenden freudig begrüßend.
Und da die herzliche Freundin den Gast als Pfarrer bewillkommt,
Reichte sie dar das Gepäck dem Staunenden, welcher beschämt ihr
Dank aussprach, und erklärt' ernsthaft das umhüllte Geheimniß,
Mit des Papa's Beifall ankündigend, was ihm bevorstand.

Stracks auch prangte daher in reinlichem Schmucke die Köchin,
Welche den Trank der Levant' eintrug und den brennenden Wachsstock,
Aber für Karl Zwieback und schäumende Milch in dem Näpflein.
Traulich nickt' und begann die gefällige, treue Susanna:

Mir willkommen noch eins! Viel Glücks, Herr Pfarrer von
Seldorf!
Burr! Ging's eben vorbei zu dem Jüngferchen! Aber geruhig
Schläft mein Jüngferchen noch. Nun will die Mama sie ermuntern.

Also die Magd; ihr dankt' er und bot den versöhnenden Handschlag,
Deß die Befriedigte lacht', und enteilete. Aber die Andern
Setzten sich wohlgemuth um den feierlich blinkenden Theetisch,
Beide sie neben Papa, er selbst in den bauschenden Lehnstuhl;
Karl dann stellte sich nahe dem lang' ersehneten Walter.
Jetzo begann zu dem Vater Amalia, töchterlich kosend:

Lieber Papa, wie so festlich die Bräutigamsmütze sich ausnimmt,
Und das unendliche Rohr! Ein Geschenk unfehlbar des Eidams!
Darf ich die Kerz' anneigen? O, süß wie arabischer Weihrauch
Duftet es; und dem Papa, wie dem Herrscher im Donnergewölk Zeus,
Lacht die heitere Stirn' aus den Wirbelchen! Mög' ich in Demuth

Würdige Schenkin ihm sein und Hörerin! Doch unumwölkt dort
Schmachtet der Bräutigam noch und lauscht, wann oben Geräusch sei.

Sprach's, einschenkend in Meißner Geschirr, und lächelte seitwärts.
Doch der verlobte Jüngling erwiederte, schnell sich ermannend:

Schmachten? Ich bin ganz ruhig, Amalia! Nur die Umwölkung
Spar' ich, bis auch kein Lüftchen die gaukelnden Wirbel gefährdet.
Schmerzhaft ist es, die Pfeif' im behaglichen Brande zu legen,
Gleich als wenn ein Mädchen gestört wird mitten im Plaudern.

Drauf antwortetest du, ehrwürdiger Pfarrer von Grünau:
Sag' Er: wie wenn ein Gespräch abbricht redseligen Greisen,
Oder wie mir, der ich reise zum mürrischen Lober des Vormals.
Traun, wohl hätte die Glock' in dem Schwung noch lange geläutet;
So nestorische Wort' umschwebeten Lippen und Herz mir!
Eben hinzuthun wollt' ich: Ein ländlicher Pfarrer verbauert,
Haftet am Kloß und vergeht in Nichtigkeit oder Erwerbsucht,
Wenn nicht griechischer Geist ihn emporhebt aus der Entartung
Neueres Barbarthums, wo Verdienst ist käuflich und erblich,
Zur altedelen Würde der Menschlichkeit: Geist des Homeros,
Welchen das Kind anhöret mit Lust, und der Alte mit Andacht,
Pindaros' Schwung aus dem Staub' und Platon's göttlicher Fittig
Und hochherziger Sinn unsterblicher Todesverächter,
Sinn für gleiches Gesetz, Freiheit und großes Gemeinwohl.
Solch ein Geisterbesuch in der Einsamkeit hellt das Verständniß,
Wärmet das Herz und weihet zur Enträthselung hoher Orakel,
Daß buchstäblicher Nebel zerfließt und erscheinet die Gottheit.
Was der geläuterte Mensch in Entzückungen heiliges Tiefsinns
Sein unwürdig erkennt, o wie weit unwürdiger Gottes,
Dem der gesammten Naturen ätherische Blüthe vereinigt,
Ist, was der Sonn' ein Strahl, was Oceansfluthen ein Tröpflein.
Weg denn, niedriger Wahn, durch Tön' unverständlicher Formeln
Und durch Tempelgebräuch' und Satzungen werde gedient ihm,
Wie vom höfischen Trupp Aufwartender, denen er dankbar
Ohn' ihr Thun anrechne der Seligkeit würdige Tugend!

Weg unmännliche Klag' um den Göttlichen, der, wie die Sünder,
Als Unsündiger starb! Wer weint' um des Sokrates Giftkelch?
Wer um die Flamm', aus welcher, ein Gott, aufstrahlte Herakles?
Soll an erhabenem Sinne der Heid' uns nehmen den Vorrang?
Weg ihr Martergebilde der Kreuzigung! Er, den des Todes
Bittere Schmach nicht beugte, der Held mit dem Siegespanier, schwebt'
Freudig empor, daß wir selber aus Staub nachstreben zum Aether!
Hebe den Glauben das Bild des thätigen Helden zur Thatkraft!
Nicht wie die Schriftlinge, nein! So predigte jener gewaltig:
„Was du willst, daß man thue dir selbst, das thue du Andern;
„Das ist Gottes Gesetz! Nur die Frucht zeigt Güte des Baumes!
„Nicht wer: O Herr! ausruft, wird beseliget, sondern wer recht
thut!"
Also mit Licht und Wärme gelehrt, in des rüstigen Lebens
Kraftwort! Dann bringt Kraft in das Herz; dann füllen den Tempel
Andacht, Trost und Entschluß und jubelnde Stimmen des Dankes;
Ob den Gebrauch die Agend' anordnete, oder wir selber
Nach dem Bedarf, vorsichtig dem Heiligen Schönes vermählend:
Als an dem Pfingsttag' hier des Frühlinges blumige Feier,
Als nach der Ernte das Fest, wann blank am Altare der Kranz
hängt,
Als bei dem Laubabfalle der ruhenden Freunde Gedächtniß;
Oder wodurch zu erbauen die Meinigen ich für erlaubt hielt.
Wer viel fragt, der bekommt viel Antwort, kluge mitunter.

Ihm antwortete drauf der edle, bescheidene Walter:
Ja, wer Heilsames will mit Festigkeit, ohne zu stürmen,
Der führt aus; gern bietet die Hand gutartige Herrschaft.
Denn je klüger ein Volk, je thätiger Fleiß und Gehorsam.
Auch mein junger Baron, gleich unserer gnädigen Gräfin,
Will kläräugigen Muth um sich her, nicht dumpfe Verstocktheit,
Wie sie vergälleter Sinn mißhandelter Fröhnlinge brütet.
Schon ist dem Dorfanwachse bestellt ein verständiger Lehrer,
Welcher zugleich Baumzucht und, Väterchen, edle Musik lehrt.
Künftig schallen auch dort vielstimmige Chör' um die Orgel,
Bald dem Altar antwortend und bald der Gemein' und der Predigt.

Also redeten Weib' in traulicher Herzensergießung
Um den geselligen Tisch, bis Mama herbrächte die Tochter.
Doch stets horchte der Jüngling in süß aufwallender Sehnsucht.

Aber Mama, nachdem sie Amalia führt' in die Stube,
Stieg die Treppe hinauf und wandelte leis' in die Kammer,
Wo ihr muthiges Kind noch schlummerte. Näher hinan nun,
Sacht auf den Zeh'n sich wiegend, damit nicht knarrte der Boden,
Trat sie und schaut' im Bette die rosenwangige Tochter,
Welche sich über der Deck' in völl'gem Schmucke gelagert,
Weiß, wie den vorigen Tag, im röthenden Glanz der Gardine.
Jetzo, wo sanft ihr Kind aufathmete, stand sie betrachtend,
Neigte sich, küßte die Wang' und begann mit leisem Geflüster:

Was, unartiges Kind, Langschläferin! Träumst du noch jetzo,
Daß die Wangen dir glühn? Und sogar in völligem Anzug
Ruhest du? Allzu bequem! Hoch stehet die Sonn' an dem Himmel;
Längst auch zirpte die Schwalb', und der Sauhirt tutet im Dorf um;
Kinderchen, glaub' ich sogar, mit dem Frühstück gehn in die
Schule.
Mädchen, heraus! Und die Hände gestreckt nach Rocken und
Spinnrad,
Fleißig gestrickt und Hemden beschleuniget gegen die Hochzeit!
Oder, behagt dir's mehr, die entfalteten Blumen gemustert;
Auch ob die Sinaros' am Morgenstrahle sich aufschloß,
Welche geheim du erzogst, dem Papa zu prangen am Fenster!
Binde den thauigen Strauß und leg' ihn behend in den Alkov,
Daß dein Vater sich freu' und wundere, wann er erwachet.
Dann nach der Thäterin frag' und wie artig du seist dir erzähle.
Dein Perlhühnchen bereits, das verzärtelte, hat so gegakelt,
Daß unwillig der Hahn einsprach mit eifrigem Strafton.
Hurtig, und suche das Ei, eh' dir's abhole der Iltis.
Aber du schläfst mir, Dirne, bei duftenden Blumen im Zimmer!
Was hilft all mein Singen und Predigen? Schädlich ja, weißt du,
Sind sie dem Haupt, am Meisten Tazett' und Muskathyacinthe.
Uebrigens Alles geputzt, als sollt' hier heute Besuch sein!

Also Mama; schnell fuhr aus bumpfigem Schlafe die Jungfrau,
Blickte verstört ringsum und seufzete tief aus dem Herzen.
Jetzo die glühende Wange dem Arm aufstützend, begann sie:

Bist du's, traute Mama? O wie kam das? Hat denn der böse
Blumenduft mich betäubt? Ein Strauß am offenen Fenster,
Meint' ich, schadete nicht; und es sind fast lauter Aurikeln
Und nur Eine Tazett' und Eine Muskathyacinthe.
Drum nicht zanken, Mama! Mein Väterchen sagte mir oftmals:
Blumen im Haar und am Busen ein Strauß sind Zierde der
Jungfraun.
Ganz unerträgliche Schwüle, so sehr ich die Kammer gelüftet,
Störte den Schlaf, und (darf ich gestehn?) des Besuches Erwartung.
Als mir weder den Geist langweiliges Zählen gesänftigt,
Noch die Erinnerung alter Musik, und der heisere Wächter:
Ein ist die Glock'! ausrief; mit Verdruß nun sprang ich vom
Bett auf,
Kleidete mich und sahe die funkelnden Stern' aus dem Fenster,
Vom anhauchenden Winde gekühlt, und die Gegend im Mondschein,
Wo der Nachtigall Lied rastlos wetteiferte ringsum
Und der Gesang auf der Bleich' und die einsame Flöte des Schäfers;
Sah umblühete Häuser im Dorf und des plätschernden Baches
Helle Fluth und am Himmel der Wetterleuchtungen Schlängeln.
Endlich nahte der Schlaf, und niedergelegt in den Kleidern,
Schlummert' ich ein allmählich und hört' im Traume noch immer
Nachtigallengesang und der wehenden Linde Gesäusel.
Wunderlich spielte der Traum um die Seele mir. Ueber das Feld hin
Schwebt' ich und über den See, wie mit gleitendem Stahl auf der
Eisbahn;
Jeder geschwungene Schritt war Wohlklang, und um die Fersen,
Wie von elektrischem Glas', entknisterten rosige Flämmlein.
Nahe dem See rief Walter und flehte mir, niederzusteigen.
Aber so wenig der Kork dem senkenden Finger gehorchet,
Wann im Wassergefäß ein spielendes Kind ihn hinabtaucht,
Sein, des Ereiferten, lächelt die Wärterin — eben so wenig
Konnt' ich hinab mich tauchen; da lacht' und höhnete Walter.

Plötzlich erklang im Gewölk ein silbertöniges Posthorn;
Als ob Oberon käme, das Horn der Bezauberung blasend;
Sieh, und ein Wagen wie Gold mit feurigen Rossen bespannet
Nahete, Walter entsprang und flugs in seiner Umarmung
War mir, als schwänd' ich dahin seelloß! — O du beste der Mütter,
Sage mir, ob an dem Walde Georg schon blasen gehöret!
Lag ich zu tief mit dem Haupte? Mir schlägt das Herz so gewaltig!

Lächelnd erwiederte drauf die gute, verständige Hausfrau:
Schlägt dir das liebe Herz, mein Töchterchen? Aber warum auch
Träumt dein stürmisches Herz so wunderlich? Klas hat die Zeitung
Eben gebracht. Sie erzählt von Amerika und von Gibraltar,
Auch von dem Parlament und der Reise des heiligen Vaters.
Eifrig liest der Papa und vergaß, sich die Pfeife zu stopfen.
Dennoch fragt' er dazwischen: Wo bleibt mein Töchterchen? schläft sie?
Nein, das wäre zu arg! Geh', rufe sie, daß mir gefertigt
Werde die Pfeif' und im Dampf anmuthiger schmecke die Zeitung!
Ich, die Vertheidigerin, muß geh'n und stehe beschämt hier.
Auch ist unten ein Brief an die Jungfrau Anna Luise,
Walter's Hand, wie ich glaube; doch geb' ich's nicht für Gewißheit.

Also Mama; da küßte die Hand ihr zärtlich die Tochter,
Und mit schmeichelnder Stimme begann die rosige Jungfrau:

O du Vertheidigerin, du spottest ja selber der Unschuld!
Wirklich ein Brief? Du lächelst. O Mütterchen, sei nicht grausam!
Denke, was soll ich doch mit Amerika oder Gibraltar
Oder dem Parlament und der Reise des heiligen Vaters?
Du auch warest ja Braut! Bei der Ehrlichkeit deines Gesichtes!
Sag' aufrichtig mir an, mein Mütterchen! Ist er schon unten?

Ihr antwortete drauf die gute, verständige Hausfrau:
Tochter, ich will dir's sagen, auf Ehrlichkeit. Eben besucht' uns
Einer im Reisegewand und bracht' ein türkisches Rohr mit,
Wol so hoch von der Erd', in levantischen Hainen erwachsnes
Rosenholz, und den Kopf aus Siegelerde von Lemnos,

Unserem Vater zur Lust: ein wohlgearteter Jüngling,
Groß und ganz untadlig an Wuchs, mit bescheidenem Anstand,
Der wie andere Menschen und gar nicht priesterlich aussieht.
Dieser erkundigte sich, wie Gebrauch ist, nach der Gesundheit
Unserer lieben Mamsell; auch Amalia, welche hereintrat,
Grüßt' er, wie lange bekannt. Komm' selber, mein Kind, und
betracht' ihn.

Also Mama; und im Taumel entsprang dem Lager die Jungfrau,
Schmiegte die Arm' ihr fest um den Hals und mit feurigen Küssen
Unterbrach sie die Wort', im Laut der Begeisterung rufend:

Mütterchen, freue dich doch! Du sollst auch die beste Mama sein!
Sollst auch die Braut aufputzen und tanzen auf unserer Hochzeit!
Sollst auch selber noch Braut, und Bräutigam werden der Vater,
O du goldene Mutter, auf euerer goldenen Hochzeit!
Hurtig hinab, ihn zu sehen, den wohlgearteten Jüngling!

Ihr antwortete drauf die gute, verständige Hausfrau:
Mädchen, du bist wahnsinnig! Zum Bräutigam gehet man ehrbar,
So war's Sitte vordem, mit niedergeschlagenen Augen,
Schritt vor Schritt nach der Tabulatur althöflicher Demuth,
Leis' antwortend dem Gruß, in Züchtigkeit halb sich verneigend.
Schwärmerin, willst du auf Socken hinabgeh'n? Ziehe die Schuh' an!
Und wie das Halstuch hängt! Ei, schäme dich, garstige Dirne!

Also schalt die Mama, und das Töchterchen, lieblich erröthend,
Ordnete schnell die Umhüllung des schön aufwallenden Busens,
Ihres entflogenen Haars achtlos und des lieblichen Sträußleins;
Schnallte sich dann, oft fehlend mit zitternden Händen, die Schuhe
Fest um die zierlichen Füß' und enteilete. Nicht unbelauschet
Blieb ihr hastiger Gang, und Amalia fiel in die Red' ein:

Hurtig! Sie kommt! Was säumet der Braut zu begegnen ihr
Jüngling?
Sprach's und hüpfte voran. Doch die Braut voll stürmischer Sehnsucht

Wankte die Stufen hinab und die Treppenthüre sich öffnend
Kreischte sie auf; denn begrüßt von der harrenden Freundin Gelächter
Sank sie, ach! in die Arme des überseligen Jünglings.

Dritte Idylle.

Die Vermählung.

Erster Gesang.

Wer den redlichen Pfarrer von Grünau neulich besucht hat,
Kennt die geräumige Stube, die gastliche, wo man umherschaut
Ueber den Garten zum See. Unlängst ein verrufener Saal noch,
Den ein großer Kamin und lockere Thüren mit Zugluft
Kälteten, dumpfige Schränk' in der Wand und ein thönernes Estrich,
Auch rundscheibige Fenster, dem Wind' ein gemächlicher Durchgang,
Blind vor Alter und Rauch, voll farbiger Wappen der Vorzeit,
Welche dem jungen Gebäude verehrt treuherzige Nachbarn,

Jeder ein Fach mit eignem Pitschier und Namen und Jahrzahl.
Aber des Greises Gesuch' und Ermahnungen rührten das Kirchspiel
Endlich, da viel Beisteuer die gnädige Gräfin bewilligt.
Nun ward freundlich die Stube zu edlerer Gäste Bewirthung,
Ward mit Tapeten umklebt, mit wärmendem Boden getäfelt,
Auch mit stattlichem Ofen geschmückt und englischen Fenstern,
Klar in den Garten zu schaun und des See's Waldufer und Insel.
Wer ihn jetzo besucht, dem zeiget er gerne die Aussicht,
Bietend ein klein Fernrohr, zu erspähn auch den stäubenden Fahrweg,
Zeiget, wie schön das Gemach, wie bequem sei, schätzet des Baues
Kosten und rühmt die Gemein' und der Kirche geschworene Pfleger.
Hier sind festliche Stühle gereiht und ein schwellender Sofa;
Hier goldrahmiger Spiegel und schöngeäderter Theetisch;
Auch ein neues Klavier, das laut in den vollen Choral hallt,
Vom schleswigischen Meister gefertiget. Rings an den Wänden
Hangen die Bilder umher der Familie, jedes in alter
Feierlichkeit: Großväter mit aufgeschlagener Bibel,
Und in der Ahninnen Hand ein Röselein oder ein Pfirsich.

Hier, von der herbstlichen Flur voll schimmernden Mettengewebes
Eingekehrt, saß traulich am Thee die gnädige Gräfin,
Und die gepriesene Tochter Amalia, Karl und der Jüngling,
Welcher an Walter's Statt ihn lehrete. Lange belustigt
Sah'n sie der Sprehen Gewölk schwarz herziehn, die von dem Seeschilf
Bald mit Geschrei aufrauschend sich dreheten unter dem Himmel,
Bald in das Schilf abrauschten zur Nachtruh. Jetzo geöffnet,
Lockte das helle Klavier; denn der Bräutigam fing in der Saiten
Bebenden Ton, o Schulz, die Begeisterung deines Gesanges.
Oft auch sangen Luis' und Amalia froh mit einander,
Oft auch allein; dann wieder im völligen Chor mit den beiden
Jünglingen; aber den Baß, wo es Kraft galt, stärkte der Vater.
Siehe da kam aus der Küche zurück die verständige Hausfrau,
Nahete leis' und begann zu Amalia, klopfend die Schultern:

Buch zu! Lerne die Jugend; man guckt sich blind in der Däm=
rung,

Und noch lange bedarf sie der Aeugelein. Reiche den Fruchtkorb,
Meine Luis', und schäle mit silbernem Messer zum Anbiß.
Kost' Amalia doch den gesprenkelten Gravensteiner,
Welchen sie liebt; auch scheinet die Bergamott' unverächtlich
Und die französische Birne, die weiße sowohl wie die graue.
Heuer gedieh'n Aprikosen und Pfirsiche groß und gewürzhaft
Und mit süßerem Kern Wallnuß und röthliche Bartnuß.
Selbst die erschmeichelte Traub' ist nordischen Gaumen genießbar,
Die mein schlauer Gemahl windfrei an der sonnigen Scheunwand
Pflegte, wenn heut auch grämlich der pfälzische Herr das Gesicht zog.
Karl, die ungarische Pflaum' hat Anseh'n; aber die Zwetsch' ist
Honiggelb inwendig und süß auf der Zunge wie Honig
Lose vom Stein und am Stengel gerunzelte wählen, ist Regel,
Auch abwischen den Duft; mein Hans hat sie eben geschüttelt.
Töchterchen, schaff' uns Licht und den grünen Schirm für die Gräfin,
Hoffentlich gönnen Sie uns die Gesellschaft auf ein geringes
Butterbrot; denn ein Schelm giebt Besseres als er im Hauf' hat.

Liebreich sagte darauf die biederherzige Gräfin:
Selbst schon wollten wir uns freundnachbarlich melden auf Landkost,
Butter und Brot, auch etwan ein Ei, was immer im Hauf' ist,
Und ein vergnügtes Gespräch, was auch hier immer zu Hauf' ist.

Jetzo redetest du, ehrwürdiger Pfarrer von Grünau:
Mutter, man täuscht sich leicht mit Erwartungen; rede die Wahrheit.
Butterbrot will sagen ein Paar Krammetsvögel und Drosseln,
Etwa mit Apfelmus; nach dem Sprichwort muß es dabei sein.
Ferner klatscht' in dem Zuber ein schwärzliches Ding wie ein
Sandart,
Oder auch zween, wie mir däuchte; doch das ist bloße Vermuthung.
Aber für Karl wird kommen ein irdener Napf mit Kartoffeln,
Klar wie Krystall, in der Hülf', an Geschmack Kastanien ähnlich,
Aus holländischer Saat. Auch ein Marschkäs' ohne Vergleichung
Ladet den Durst. Dann plötzlich erfreut uns der purpurne Kehl-
kopf,
Unser Genoß, zur Ehre des Priesterthumes mit Bischof

Angefüllt. O wie kommt's? Mir ist heute so wohl und behaglich
Als wenn man irgend was Gutes gethan hat, oder auch thun
will.

So der gemüthliche Greis, und verschob das sammtene Käppchen,
Welches die Glatz' ihm hüllt' in des heiligen Amtes Verwaltung,
Wann er im silbernen Haar dir glich, mildredender Spener.
Zwar die Gräfin begehrt' und Amalia, töchterlich schmeichelnd,
Daß er die wärmende Mütz' aufsetzt' als Vater des Hauses,
Und sich den Festschlafrock anlegete; doch er versagt' es.

Aber Luise vernahm nicht unwillfährig den Auftrag,
Froh der geladenen Gäste; den Korb und das silberne Messer
Schob sie Amalien hin und gebieterisch sagte sie also:

Nimm und schäle derweil, Amalia, Birnen und Aepfel;
Lös' auch Nüssen die Haut und nöthige. Walter besonders
Liebt das Nöthigen. Rasch! Wer schmausen will, lege mit Hand an!

Also Luis', und enteilte zum Schrank in der täglichen Stube,
Nahm die silbernen Leuchter und fügt' auf jeden ein Wachslicht,
Welche die häusliche Frau vornehmeren Gästen nur anbot,
Etwa dem Probst beim Kirchenbesuch und der gnädigen Gräfin,
Auch wann das Hochzeitsfest sie erfreuete und der Geburtstag.
Diese nahm sie heraus und stählerne Schnäuzen mit Federn,
Eilete dann in die Küch' und sprach zu der treuen Susanna:

Zünde die Lichter mir an und trage sie, liebe Susanna,
Flugs in die Stub', auch bringe den Schirm für die gnädige Gräfin.
Ich nun steig' in den Keller hinab und hole zum Bischof
Rothwein und Pomeranzen; du sorgst für den purpurnen Kohlkopf.
Zucker steht in der Kammer genug und das Uebrige weißt du.

Ihr antwortete drauf die gefällige, treue Susanna:
Gleich, mein Jüngferchen, gleich! Nur erst die reinliche Schürze
Bind' ich vor; sonst könnte mich leicht auslachen die Herrschaft.

Aber die rasche Luis', umglänzt vom eisernen Leuchter,
Stieg in das Kellergewölbe, das trockene, welches, im Sommer
Kalt und laulich im Frost, einschloß den unendlichen Vorrath.
Als sie dem Sande den Wein und dem Bord' enthoben die Gold=
frucht
Und nun wieder die Stufen emporstieg, summend ein Lieblein,
Jetzo hüpfte die Freundin Amalia hinter Susanna
Schnell aus der Thür' und begann zu der rosenwangigen Jungfrau:

Komm' ein Wenig hinauf in das Kämmerlein. Dir ja geziemt
nicht,
Uns in der Küche das Mahl zu beschleunigen, gute Luise!
Schau, wie die Sichel des Mondes, die blank hinschwebet wie
Silber,
Grad' in die Fenster dir blinkt; hold ist ein Geplauder im Mond=
schein.
Dort nun halten sie Rath, die verödeten Gärten in Selborf
Anzubaun, wie des edlen Alkinoos fruchtbare Gärten:
Obstbäum' ordnet der Vater, es legt dickschossende Spargel
Meine Mama. Tritt leise; der Bräutigam möchte dir nachgehn.

Jene sprach's; da reichte die Braut der treuen Susanna,
Was sie trug, in die Händ' und ermahnete. Jetzo der Freundin
Folgte sie, leis' auftretend, und schalt die knarrenden Stufen.
Als sie nunmehr eingingen zur traulichen Kammer im Mondschein,
Hand in Hand, wo sie oft des gemeinsamen Werks sich gefreuet
Oder des geistigen Buchs und des stilleren Mädchengespräches,
Jetzo sagte Luise, gewandt zu der trauten Gespielin:

Setze dich hier in den Sessel, Amalia, wo ich so manchmal
Neben dir saß. Viel Freud', auch etwas Sorge mitunter,
Theileten wir. Bald trennet die bittere Stunde des Abschieds!

Also sprach wehmüthig die Braut und drückte die Hand ihr
Innig und zog sie heran. Doch Amalia, sanft sich entwindend,
Trat seitwärts an das Fenster und schauete starr zu dem Mond auf

Voß, Luise.

Und dem Gewölk, das flüchtig mit wechselndem Glanz ihm vorüber
Wallete, jetzt ihn enthüllt' und dunkeler jetzo dahinzog;
Dann wie im Hofe der Wind buntfarbiges Laub von den Bäumen
Wirbelte, wogt' und zerstreute mit schauerlichem Gerassel.
Sinnend stand sie und schwieg, da, beglänzt von dem Monde, das Thränlein
Ihr auf die rosige Wang' hinzitterte. Aber sie hielt sich,
Wandt' ihr Gesicht in's Dunkel zurück und sagte mit Leichtsinn:

Rede, wie Bräuten geziemt, was Fröhliches, nicht von dem Abschied,
Trautes Kind; und zumal am heiligen Polterabend,
Da schon Kammer und Bette zur Hochzeitsfeier geschmückt ist.
Schad' um die kleine Luise! Das jugendlich hüpfende Mägdlein
Wird Hausmütterchen schon, ehrbar und dem Manne gehorsam!
Männer küssen nicht mehr mit Bescheidenheit oder erröthend;
Herrisch umarmt sein Weib der Gemahl und zerküsset ihr herrisch,
Oft mit stechendem Kusse, die Wängelein, wann es ihm einfällt,
Alles nach ehlicher Pflicht! Und zuletzt noch, o der Verruchtheit!
Muß sie als Amm' ihm dienen und Wärterin! Aber warum doch
Bogst du den Nacken in's Joch so bändiges Sinns, da du schön bist?

Ehrbar gab ihr Luise mit drohendem Finger die Antwort:
Spötterin, nicht so getrotzt! Dir glühn die schelmischen Aeuglein
Nicht umsonst, und ich fühle, wie warm hier unter dem Schleier
Wallt dein jugendlich Herz. Ein Jüngferchen sträubet sich minder
Und ein anderes mehr; doch folgen sie Alle nicht ungern.
Warum hülfe man doch so emsiglich gegen die Hochzeit
Bräutlichen Schmuck für die Freundin zu fertigen oder das Kränzlein,
Bald mit leisem Gesang' und Seufzerchen, bald mit Gelächter?
Aber du mußt doch sehen, wie unsere schöne Besetzung
Von natürlichem Moos und taftenen Purpurrosen
Auf hellschimmerndem Atlas sich ausnimmt. Heut in der Frühe
Hab' ich geheim vollendet, indeß am behaglichen Theetisch
Mir der Papa mit Gespräch abhielt den störenden Walter.

Also Luis', und langte das milchweiß schimmernde Brautkleid
Aus der Kommod', und zeigt' es am matteren Strahle des Mondes.
Lange besah es entfaltend Amalia; jetzo begann sie:

Kind, ich beneide die Pracht! Nun danke du meiner Erfindung,
Bräutlichen Schmuck für die Freundin zu fertigen! Selber das Kränzlein
Möcht' ich sogleich dir binden, mit Seufzerchen oder Gelächter.
Komm, wir müssen doch sehn, wie es aussieht, wenn der Papa dich
Morgen bei uns antraut, in dem stattlichen Ehrengewande.
Probe verlangt so ein Ding, eh' öffentlich meistre der Vorwitz.
Probe verlangt ja Musik, Schauspiel und geschlungener Reihntanz;
Prob' an dem Spiegel verlangt des Neulinges festliche Predigt.
Nicht denn wag' ungeprobt zu vertraun hochzeitlichen Anzug
Gaffenden Augen der Welt, wo Fraun urtheilen und Jungfraun!

Lächelnd erwiederte drauf die rosenwangige Jungfrau:

Was du für Tand aussinnst, Muthwillige! Soll ich zuletzt noch
Mädchenhaft mit meiner Amalia spielen und albern?
Sei's! Nie werd' ich fürwahr altklug ablassen von Thorheit,
Stets als Frau und Matrone dem Spiel willkommen der Mägdlein.
Riegele zu; sonst möcht' unerwünscht eintreten der Walter.

Also sprach sie und nahm mit behaglicher Lache den Sessel,
Welchen Amalia bot, und legte den zierlichen Filzhut,
Den weichwolligen, weißen, mit bräunlicher Flocke gerändet.
Aber die Jugendgespielin Amalia löste die Nadel
Ihrem Kastanienhaar, das voll in glänzenden Ringeln
Ueber die Schultern sich goß, unentstellt vom Staube des Mehles;
Stand brautjüngferlich nun und schlichtete sanft ihr die Locken
Mit weitzahnigem Kamme von Schildpatt, froh des Geringels;
Ordnete dann und flocht, nach der Weis' hellenischer Jungfraun,
So wie Prariteles einst und Phidias Mädchen des Himmels
Bildeten, oder sich selber die Mus' Angelika malet:
Also schuf sie das lockre Geflecht, das in Wellen sich bläbend

Mit nachläſſiger Schwingung zurück auf die Scheitel gerollt war.
Aber den Liliennacken umſpielt' ein zartes Gekräuſel,
Als wie entflohn; und vorn, um Hals und Schulter ſich windend,
Schlängelten ihr zwei Locken hinab auf den wallenden Buſen.
Jetzo brach ſie Geſproß von der Myrthenſtaub' an dem Fenſter,
Welche das halbe Geſims umſchattete, fröhliches Wuchſes,
Band in Ründe das Laub und kränzte dich, edle der Jungfrau,
Würdig ſie ſelber des Kranzes, dich würdige! Sanft umſchlang ihn
Welliges Haar ringsum, es verbarg ihn hinten der Aufbund.
Als nun ſchön hergrünte der Kranz aus ſchöner Umlockung,
Neigte ſich hold die Geſpielin und ſprach zu der roſigen Jungfrau:

 Bräutchen, das Haupt iſt geſchmückt wie den Chariten und wie
  der Hebe,
Wann ſie den Lenzreihn tanzen im paphiſchen Haine der Kypris.
Jetzt mit dem ſchönen Gewand umhülle dich. Aber zum Braut=
  ſchmuck
Ständen ein feineres Hemd und ſeidene Strümpfe nicht unrecht.

 Nickend erwiederte drauf das roſenwangige Mägdlein:
Großen Dank! Mein Hemd, wie es anſteht wackeren Jungfrauen,
Trag' ich vom Ausbund immer der ſelbſtgeſponnenen Leinwand!
Schaue nur hier am Halſe, wie fein und wie ſtattlich mit zartem
Muſſeline gefaßt! Wozu denn das ſaubere Spinnrad,
Welches Papa mir geſchenkt, feinhaarige Flocken zu ſpinnen,
Während er lieſt im Geſurr am heimlichen Winterabend
Oder Geſchichten erzählt? Dein Scherz mit den ſeidenen Strümpfen
Ginge noch wol, wenn dir's, Brautjüngferchen, alſo gelüſtet.

 Sprach's und langte die Strümpf' und die feſtlichen Schuhe von
  Atlas,
Wandte ſich weg und ſtreifte der Baumwoll' helles Gewirk ab,
Hüllete flugs in die Seide die zartgerundeten Füßchen,
Sittſam, nahete dann; und die Silberblumen im Mondſchein
Flimmerten. Raſch nun warf ſie das tuchene Kleid von der Schulter,
Fein und olivengrün, von ſtählernen Knöpfen umblinket,

Ueber die Lehne des Stuhls und nahm aus den Händen der
Freundin
Ihr hochzeitlich Gewand, mit Moos umherset und Rosen,
Welches den lieblichen Wuchs nachahmete, zierlich gefaltet,

Nicht mit der gaukelnden Mod' unförmigem Wulst um die Hüften
Aufschwoll. Eilig, bedient von Amalia, schlüpfte die Jungfrau
In das Gewand; hin floß zu den Ferfen der rieselnde Atlas,
Hell vom Monde beglänzt, und sie schnürete fest um den Busen,
Welcher, des Zwangs unwillig, sich hob voll üppiger Jugend;

Doch wie ein fließender Duft umhüllt' ihn der florene Schleier.
So in der Mainacht oft um die silberne Scheibe des Mondes
Schwebt ein dünnes Gewölk, den äußeren Rand nur enthüllend,
Wann im Nachtigallhain Lustwandeler stehn und emporschaun.
Aber Amalia brach von der Sinarose des Fensters
Einen belaubeten Sproß, der zwei halb offene Blümlein
Trug mit Knospen umher, und fügt' an den Busen der Braut ihn;
Schloß sie dann in die Arme mit Inbrunst, also beginnend:

Du holdseliges Mädchen! Wie schlank und erhabenes Wuchses
Wandelt sie, anmuthsvoll, als schwebte sie! Und o wie lieblich
Lacht dies Engelsgesicht, und die Rosenwange voll Unschuld,
Und dies glänzende Blau der Aeugelein! Willst du mich ansehn?
Komm und schau in den Spiegel und schäme dich, daß du so schön bist!
Trauteste, nimm das Geschenk, noch warm vom Busen der Freundin,
Zum Andenken von mir: mein Nam' aus eigenem Haar ist
Vorne geschränkt und hinten die schöngeflochtene Locke,
Daß du, den Schmuck anlegend, auch fern dich meiner erinnerst.

Sprach's und band um den Nacken das köstliche Busengehenk ihr,
Welches, den goldenen Bord eirund mit Perlen umringet,
Barg in geschliffnem Krystalle das Haar und den Namen der
    Freundin.
Beid' umarmten einander die zwei gleichherzigen Jungfraun
Heftig mit langem Kuß und gelobeten ewige Freundschaft;
Heiß vordringende Zähren vermischten sich. Aber mit einmal
Klopfte der Bräutigam an, und aufzuschließen versuchend,
Rüttelt' er. Dort war im Sprung' Amalia lachend und hastig
Schob sie den Riegel zurück, und der Bräutigam trat in die Kammer.
Sie nun faßte die Braut, die bebend stand und erröthend,
Wild an der Hand und stellte sie dar dem erstaunenden Jüngling.
Jetzo begann, sich neigend, Amalia, fröhliches Muthes:

Bräutigam, so wird morgen Luis' aussehen im Brautschmuck.
Macht' ich es recht? Aufmerksam geschaut, ob das Mädchen auch
    schön ist!

Jene sprach's: doch es staunte der Bräutigam stumm und sprachlos.
So wie ein ländlicher Mann, dem das Herz mit süßer Entzückung
Menschlichkeit nährt' und Natur und der Kunst nachbildender Zauber,
Schauet den Apfelbaum in zuerst vollblühender Schönheit,
Ihn, den er selber gepflanzt an der Lieblingsstelle des Gartens;
Längst schon täglich besah er den knospenden; plötzlich entrief ihn
Fern zur Stadt ein Geschäft; doch den heimgekehrten Vollender
Führt sein Weib in den Garten und zeigt den erblüheten Fruchtbaum,
Der voll röthlicher Sträuße, beglänzt vom Golde des Abends,
Dasteht, schauernd im West, und mit lieblichem Duft ihn anweht;
Staunend betrachtet er lang', und umarmt die liebende Gattin:
Also staunt' auch der Jüngling, wie reizvoll blühte das Mägdlein,
Bräutlich geschmückt; es empört' ihm das Herz bangathmende Wollust.
Aber die Arm' ausbreitend mit Innigkeit, sank ihm die Jungfrau
Schnell an die Brust, und die Seelen der Liebenden flossen, von Himmels=
Wonne berauscht, im langen und bebenden Kuß in einander.
Endlich begann die schöne Luis', aufschauend zum Jüngling:

Aber du hast mich doch lieb, mein Bräutigam? Steht mir der Anzug
Gut? Und bin ich dir hübsch? Die Amalia hat mich verleitet!

Also die Braut, und am Busen des Jünglinges barg sie das Antlitz
Hold verschämt; da begann mit herzlichem Laute der Jüngling:

Schön ist meine Luis' und hehr wie ein Engel des Himmels
Und wie ein Kind unschuldig, von Gott und Menschen geliebet!
Wende den schmachtenden Blick, Holdselige! Oder ich küsse
Dir die Aeugelein zu, die ganz mir die Seele bezaubern!
O, du mein auf ewig! Nur wenige Stunden, und ewig
Sind wir vereint; und der Segen des redlichsten unter den Vätern
Folgt uns nach und der Segen der redlichsten unter den Müttern!
Aber o komm' doch hinab, du süßeste Braut! Dein liebes
Väterchen muß sich ja freu'n, und Mütterchen, daß du so schön bist!

Also rief er bewegt und ahnete nicht, was bevorstand.
Schnell dann faßt' er am Arm und führte sie, welche vergebens
Schutz von Amalia flehte, mit sanfter Gewalt aus der Kammer.
Als nun fröhlich der Zug auf die Treppe hinab von dem Vorsaal
Polterte, weil halb gern, halb ungern folgte das Bräutlein,
Eilt' aus der Küche Mama, zu erkundigen, was für Getümmel.
Voll Verwunderung rief sie, die gute, verständige Hausfrau:

Was, Muthwillige, treibt ihr des Unfugs? Lärmen die Dinger
Und juchheien sie nicht, wie die Vögelein, wann sie im Frühling
Nester bau'n? Nur Geduld! Man kommt aus dem muthigen
Kränzlein
Unter die Haube, mein Kind; dann sitzt man ruhig und brütet!
Geht nun sinnig hinein, ihr Albernen, daß sich der Vater
Freu', und die gnädige Gräfin, wie schmuck mein Töchterchen aus=
sieht
Unter dem Ehrenkranz! Mir selbst ja hüpfet das Herz auch
Mütterlich, so zu schauen das Töchterchen morgen am Trautisch!

Ihr antwortete drauf die rosenwangige Tochter:
Schilt die Amalia doch, die Verführerin! Mutter, sie taugt nicht!

Sprach's und schob sie hinweg; da rief die verständige Hausfrau:
Eine so schlimm wie die andre; der Topf ist würdig des Deckels!
Will denn die Braut eintreten? Der Bräutigam führe sie ehrbar!

Also Mama, und drehte den Griff von blinkendem Messing,
Ließ sie zur offenen Stub' eingeh'n und folgete selber.
Rasch aus der leitenden Hand des Jünglinges wand sich die Jungfrau,
Hüpfte hinan und schlang die gebreiteten Arme dem Vater
Fest um den Hals und küßte den Mund und küßte die Wang' ihm,
Auch die Stirn', und ruhte mit unaussprechlicher Regung,
Heiß die Wang' und bethränt, an der Wange des staunenden Greises.
Sprachlos drückte der Greis an das klopfende Herz sein liebes
Töchterchen, lang' in dem Sturm wehmüthiger Wonne sie haltend;
Endlich kam ihm das Wort, und er stammelte voller Entzückung:

Gottes Segen mit dir, holdseliges, allerliebstes
Töchterchen! Segen die Füll' auf Erd' und droben im Himmel!
Ich bin jung gewesen und alt geworden; doch niemals
Hab' ich geseh'n ungesegnet des Redlichen redliche Kinder.
Mancherlei Freude verlieh mir der Herr und mancherlei Trübsal
Im abwechselnden Leben, und Dank ihm sagt' ich für Beides.
Gern nun will ich das Haupt, dies grauende, hin zu den Vätern
Legen in's Grab; denn glücklich, getrennt auch, bleibt mir die
Tochter,
Weil sie erkannt, daß Gott, wie der Kindelein pfleget ein Vater,
Oft durch Freud' uns segnet und oft uns segnet durch Trübsal.
Wunderbar wallt mir das Herz beim Anblick einer geschmückten
Jungen Braut, wie sie ganz arglos, in kindlicher Einfalt,
Hüpfend den Schicksalspfad an des Bräutigams Arme beginnet:
Alles zu tragen gefaßt in Einigkeit, was auch bevorsteht,
Ihm theilnehmend die Lust zu erhöh'n, zu erleichtern die Unlust,
Und, will's Gott, von der Stirne den letzten Schweiß ihm zu
trocknen.
Ebenso wallete mir's von Ahnungen, als nach der Hochzeit
Ich mein jugendlich Weib heimführete. Freudig und ernstvoll
Zeigt' ich ihr am Moore die Grenzstein' unserer Dorfmark,
Bald durch offene Holzung das Schloß und den steigenden Kirch=
thurm,
Jetzt an der grünenden Aue die Wohnungen, jetzo das Pfarrhaus,
Wo uns Beiden so Manches bevorstand, Heitres und Trübes.
Du, mein einziges Kind! Denn in Wehmuth denk' ich der andern,
Wann mein Gang zu der Kirch' am blumigen Grabe vorbeigeht!
Bald, du Einzige, wirst du auf jenem Wege dahinzieh'n,
Welchen ich kam; bald steht mir des Töchterchens Kammer verödet,
Leer des Töchterchens Stelle beim Tisch, leer, wo sie gesellt mir
Saß am stillen Geschäft; ich Einsamer horche vergebens
Ihrer Stimm' in der Fern' und ihrem kommenden Fußtritt.
Wenn du, folgend dem Mann, auf jenem Weg' dahinziehst,
Schmerzvoll werd' ich und lange mit thränendem Auge dir nachseh'n;
Denn ich bin Mensch und Vater und habe das Töchterchen herzlich,
Herzlich lieb! und mich liebt mein Töchterchen eben so herzlich!

Aber ich werde getrost mein Haupt aufheben zum Himmel,
Schnell mir trocknen das Aug' und fest die Hände gefaltet
Mich im Gebete vor Gott bemüthigen, der, wie der trauten
Kindlein pfleget ein Vater, durch Freud' uns segnet und Trübsal.
Sein ist auch das Gebot, des Liebenden: „Vater und Mutter
„Soll verlassen der Mensch, daß Mann und Weib sich vereinen."
Geh' denn, Tochter, in Frieden; vergiß dein Geschlecht und des
Vaters
Wohnungen; geh' an der Hand des Jünglinges, welcher von nun an
Vater und Mutter dir ist! Sei ihm ein fruchtbarer Weinstock
Um sein Haus, und die Kinder um eueren Tisch wie des Oelbaums
Sprößlinge! So wird gesegnet, wer Gott anhänget in Ehrfurcht!
Wohl dir, redet der Herr, du wirst dich nähren der Arbeit!
All dein Schaffen gedeiht, du Gesegneter! Lieblich und schön sein
Ist nichts; aber ein Weib, das Gott anhänget in Ehrfurcht,
Das hat Ruhm von den Früchten der Hand, das loben die Werke.
Früh aufsitzen und spät, ist eitele Sorg'; in dem Schlaf auch
Giebt's den Seinigen Gott. Denn bauet der Herr das Haus nicht,
Dann arbeiten umsonst die Bauenden! .. Mutter, was sagst du?
Soll ich sie trau'n? Nicht besser ja ist der morgende Tag uns!

Also der Greis; laut weinte, die Händ' auffaltend, die Mutter;
Laut auch weinte Luis' und barg an dem Vater das Antlitz;
Auch der Bräutigam weint', es weint' Amalia seitwärts.
Selbst die alternde Gräfin bezwang nicht länger die Thräne,
Eingedenk des guten Gemahls und wie viel sie erduldet,
Seit sie Wittwe mit zween unberathenen Waisen zurückblieb.
Endlich begann aufschluchzend die gute, verständige Hausfrau:

Traue sie, Mann, im Namen des liebreich waltenden Vaters!
Sichtbar ordnet er heute die Segensstunde den Kindern!

Also die Frau; da erhub sich der würdige Prediger Gottes
Feierlich, hieß die Braut, wie sie bebend stand und erröthend,
Ihm zur Rechten sich stellen, und links den staunenden Jüngling,
Wandte sich drauf zu dem Jüngling und sprach mit kräftiger Stimme:

Lieber Sohn, ich frage vor Gott und dieser Versammlung.
Wählt Er mit ernstem Bedacht zur eh'lichen Gattin die Jungfrau
Anna Luise Blum? Verspricht Er, als christlicher Eh'mann
Freude mit ihr und Kummer, wie Gott es fügt, zu ertragen,
Und sie nicht zu verlassen, bis Gott euch väterlich scheidet,
Unter den Seligen euch zu vereinigen immer und ewig?

Also der Greis, und „Ja!" antwortete freudig der Jüngling.
D'rauf zu der blühenden Braut, die annoch ihr thränendes Antlitz
Trocknete, wandt' er die Red' und sprach mit kräftiger Stimme:

Tochter, ich frage dich auch vor Gott und dieser Versammlung.
Wählst du mit ernstem Bedacht zum eh'lichen Gatten den Pfarrherrn
Arnold Ludewig Walter? Versprichst du, als christliches Eh'weib
Freude mit ihm und Kummer, wie Gott es fügt, zu ertragen,
Und ihn nicht zu verlassen, bis Gott euch väterlich scheidet,
Unter den Seligen euch zu vereinigen immer und ewig?

Also der Greis, und „Ja!" antwortete leise die Jungfrau.
Weiter redetest du, ehrwürdiger Pfarrer von Grünau:

Gebt euch, Kinder, die Hand; die gewechselten Ringe der Treue
Habt ihr Beide gefügt als theueres Pfand der Verlobung.

Jener sprach's und legt' auf des Jünglinges Hand und der
Jungfrau
Seine bebende Hand, und sprach mit kräftiger Stimme:

Kinder, ich segne nunmehr als Diener des göttlichen Wortes
Und als Vater zugleich, voll Inbrunst segn' ich mit allem
Ueberschwenglichen Segen des allbarmherzigen Gottes
Eueren eh'lichen Bund! Euch hat der Vater im Himmel
Beide zusammengefügt; kein Mensch mag fürder euch scheiden.
Segn' und behüt' euch der Herr! Der Herr erleuchte sein Antlitz
Gnädig euch! Es erhebe der Herr sein Antlitz und geb' euch
Seinen Frieden allhier und dort in Ewigkeit! Amen.

Also rief er, und schloß die verwirrete Braut und den Jüngling
Beid' in die Arme zugleich, sein Herz voll stürmischer Wehmuth,
Hielt sie lange verstummt und herzte sie. Aber die Mutter
Nahete jetzt, und im Laute der innigsten Rührung begann sie:

Väterchen, hast du genug? Mir her! Sie gehören mir auch zu!
Sprach's, und riß sie dem Vater hinweg aus fester Umarmung;
Und an die Brust sie drückend mit Heftigkeit, Eins nach dem Andern,
Küßte sie Stirn' und Wangen und Mund, ausrufend den Glück=
wunsch:

Trauteste, mir an das Herz! Gott segne dich, trauteste Tochter!
Trautester Sohn! Gott segn' euch, der Stifter des heiligen Eh'=
stands!
Wachset wie Bäum' an den Bächen, und zeitiget edele Früchte;
Grün't unverwelkt, ob dörre das Jahr, ob Stürme daherweh'n.
Fröhlicher Muth hilft durch; was Fröhliche thun, das geräth wohl.
Weniges auch ist besser bei Muth, denn Vieles bei Unmuth.
Drum unbesorgt thu't Eures, und Gott, der Berather, gewähr' euch,
Was euch frommt: im Glücke genügsame Herzen und Demuth,
Trost und Geduld in der Noth, und Einigkeit! Alles versüßt ja
Uns einmüthiger Sinn, Hausfried' und die liebe Gesundheit!
Nehm' Er sie hin, mein Guter! Das Kind ist sanfter Gemüthsart,
Mein Augapfel, mein Herz, die Gefälligkeit selber und Unschuld!
Die wol Keinen gekränkt mit Vorsatz, Gott und den Menschen
Angenehm! Liebt herzlich geliebt, und erlebet gemeinsam
Elternfreude wie wir, bis spät im ruhigen Alter
Gott verhängt, daß Eines dem Andern schließe die Augen!

Sprach's, und bot ihr Kind, im rosigen Glanze der Unschuld
Jugendlich schön, zum Kusse dem überseligen Jüngling.
Glück nun wünschte die Gräfin dem Brautpaar, Glück auch den
Eltern,
Innig bewegt, und umarmte die hold liebkosende Pathin;
Glück auch wünschte der Knab' einfach mit kindlichen Worten;
Auch sein liebender Lehrer entbot treuherzigen Glückwunsch.

Aber Amalia stand abwärts am Gesimse des Fensters,
Trocknend das Aug', und blickt' in die mondumdämmerte Gegend
Starr und gedankenlos, und des Grams vordringende Schauer
Zwang sie zurück, tiefathmend. Heran nun hüpfte Luise,
Faßte sie wild an der Hand und drohete, also beginnend:

Komm' doch, Glück mir zu wünschen, Amalia! Schämst du
dich jetzo,
Daß du mich also belistet? Geduld! Wir sprechen uns weiter.

Also Luis', und es lacht' Amalia helles Gelächter,
Thränen im Blick; mit lachte das Mägdelein unter dem Brautkranz;
Lachend umarmten sich Beid' und ruheten so an einander,
Sprachlos; ringsher schaute verwunderungsvoll die Gesellschaft.
Laut nun redetest du, ehrwürdiger Pfarrer von Grünau:

Werdet ihr bald auslachen, Amalia und du, Luise?
Meint ihr, es sei holdselig, so ausgelassen zu kichern?
Treffliche Mädchenkünste: Geweint und gelacht durch einander,
Recht wie die Sonn' im April! Leichtfertige, schien euch die Trauung
Wunderlich? Arme Luise, das hat dir schwerlich geahnet,
Als du den Schmuck anlegtest! Ein ander Mal scherzt mit dem
Brautkranz!
Richtig getraut, das bist du, mein Töchterchen! Wollte nunmehr dich
Selbst auch der Herr Generalsuperintendent aus den Formeln,
Die dich verstrickt, loswinden, getrost' antwortet' ich also:
Würdigster Herr Generalsuperintendent und Patronus,
Voll Amtstreue verharr' ich des Herrn pflichtschuldiger Diener;
Dennoch sei mir erlaubt, freimüthig und frank zu versichern,
Daß nach meinem Erachten die Kinderchen richtig getraut sind.

Also der Greis; drauf sagte die biederherzige Gräfin:
Wahrhaft soll's mein Zeugniß bekräftigen: bündig und kurz war
Unsere Trau' und gewiß kein Kundiger möchte sie tadeln.
Das wird morgen empfinden der Hochzeitsgäste Gesellschaft;
Denn aus bräutlichem Feste bei uns wird trockner Nachschmaus.

Also die Frau. Noch starrte der Bräutigam; jetzt, wie erwachend,
Faßt' er die Braut an der Hand, die schöne, vor Freud' und Bestürzung
Schwindelnde, und zu dem Greise sie rasch hinführend, begann er:

 Einziger alter Papa! Wir sind unartige Kinder,
Ohne Gefühl, herzlos! Wir vergaßen den Dank für die Trauung,
Welche den Himmel auf Erden uns öffnete so unvermuthet,
Daß uns Sinn und Gedank' in selige Wonne dahinschwand.
Nimm denn Lallen für Wort, du Edeler! Noch in Verwirrung
Sind wir, dem Träumenden gleich, der mit Engelsfittigen auffliegt,
Oder den langen Wunsch, den sehnlichen, jetzo vollendet
Schaut, voll banger Begierde, mit dunkeler Furcht des Erwachens.
Aber zu froherem Schauen erwachen wir! Sei'n wir so glücklich,
Als der redlichste Vater es war und die redlichste Mutter!

 Jener sprach's; und sie schlangen den edelen Greis in die Arme
Fest; und er herzte die Kinder in Freud' hinschmelzend und Wehmuth;
Aber die Jungfrau klopft' ihm die Wang' und schmeichelte kindlich:

 Du erzböser Papa! Dein Töchterchen so zu erschrecken!
War das Recht? Ich komme so ganz unschuldig und arglos,
Daß dein feiner Geschmack urtheil', und der gnädigen Gräfin,
Ob der Amalia Kunst mir wohl anlegte den Brautschmuck;
Und mir träumt' in der Welt nichts weniger als von der Hochzeit.
Aber mit Einmal geräth er in Zorn und eh' ich mich umseh',
Bin ich getraut! Du solltest doch Scherz verstehen, mein Vater!

 Drauf antwortetest du, ehrwürdiger Pfarrer von Grünau:
Töchterchen, laß' gut sein! Mir entfuhr in der Hitze die Unbill!
Nicht mehr thun! O so küss' und nenne mich Väterchen wieder!
Gern auch lob' ich die Kunst der Amalia, lobe den Brautschmuck,
Lobe den Kranz und darunter ein so jungfräuliches Antlitz.

 So liebkoste der Greis; da begann die verständige Hausfrau:
Weit aus dem Schuß dem Papa! Denn ein Hitzkopf war er und
       bleibt er;

Jetzo trag' in Gedulb Unwendbares. Siehe, mir selbst auch
Nahm er im Sturme das Herz, ohn' einige Zucht der Bedenkzeit.
Hüte nur unsere Gräfin ihr Kind! Wenn freundlich ein Jüngling
Kaum herblickt; er trauet das Töchterchen ihr von der Faust weg!

Dieses gesagt, ging schleunig hinaus die verständige Hausfrau,
Wählt' ein feines Gedeck in dem Schrank und sah nach der Wanduhr;
Eilete dann in die Küch' und sprach zu der treuen Susanna:

Decke den Tisch, Susanna; den Heerd indessen besorgt wol
Hedewig. Seht einmal, wie geschmückt ist unsre Susanna,
Und mein ehrlicher Hans! Auch Hedewig geht ja wie Sonntags,
Ehre der gnädigen Gräfin zu thun und dem werthesten Brautpaar.
Welch ein Putz wol morgen zum Hochzeitstanz aus der Lade
Vorkommt! Schierenes Tuch, Goldmütz' und feines Kattunkleid!
Lange den Tiegel vom Bord, und Hedewig, reiche die Butter,
Daß für den Senf sie schmelze. Der Sandart wird doch geschuppt
sein?
Flink mir die festlichen Gläser gespült und das große des Vaters,
Das in helles Gekling' einbummt, wie die Glocke vom Kirchthurm.
Fülle die Schal' in der Kammer mit Sülzmilch, welche die Gräfin
Liebt, und dem silbernen Korbe das Glas mit gepülvertem Zucker.
Hast du zum Apfelmus auch Kaneel gestoßen im Mörser?
Gut, daß der Has' im Keller noch hing! Denn es wäre ja schimpflich,
Wenn wir mit Fischen allein und Vögelchen diesen Abend
Feierten und, ich schäme mich fast, mit gebrühten Kartoffeln!
Hans, nur tüchtig den Braten gedreht! Heut' Abend ist Hochzeit!

Also bestellte die Frau dort Jegliches. Aber der Hausknecht:
So wie ein Mann, der am Abend vom Feld heimkehrt in Gedanken,
Heiter des Tagewerks und die sinkende Sonne betrachtend,
Freudig erschrickt, wenn hinter dem Haselgebüsch an dem Fußsteig
Plötzlich das freundliche Weib vorspringt mit den jauchzenden Kindern,
Also erschrak auch Hans, da er plötzlich das Wort von der Hochzeit
Hörte der lieben Mamsell, die er oft auf den Armen geschaukelt.
Hastiger dreht' er den Wender und redete laut ausrufend:

Herzensfrau, was sagt Sie? Getraut ist das Jüngferchen wirklich?
Jetzt in der Stube getraut? Das hätt' ich nimmer vermuthet!
Nein, auch den Einfall eher des blaugewölbten Himmels!
Als Sie zuvor mit der Braut hinschäkerten: Spielt nur, ihr Leutlein!
Dacht' ich bei mir einfältig: der noch gelbschnabligen Jugend
Ziemt ein weidlicher Sprung; man kälbere, weil man ein Kalb ist!
Hüpft doch im Grase das Lamm und stampft das Füllen und walzet!
Kätzlein, munter im Spiele, gedeih'n zu tapferen Mausern!
Also dacht' ich im Herzen und fehlete. Denkt! Zu dem Trautisch
Zogen, wie Nachtunholde, die Polterer! Aber wie schön wol
Mag dem Jüngferchen stehen das Hochzeitkleid und der Brautkranz?

Also redete Hans; doch Hedewig stand unbewegt da.
Lächelnd sagte darauf die gute, verständige Hausfrau:

Wie sie da gafft und die Augen vor großer Verwunderung
aufsperrt!
Plagt dich so sehr Neugierde, so laß nur warten die Gläser,
Trage die Teller hinein und meld' es der guten Susanna
Sacht; dann frage die Braut, ob sie nicht ein wenig herauskommt,
Daß ihr den Brautstaat hier nach Bequemlichkeit schauet und mustert.

Also gebot die Mama; doch Hedewig folgte nicht ungern,
Trug die Teller hinein und zischelte, was sich ereignet,
Sacht der Genossin in's Ohr, die hoch aufhorchte dem Wunder.
Seitwärts winkte sie jetzo die Braut und meldete heimlich:

Jungfer, mich sendet Mama, ob sie nicht ein wenig hinauskommt,
Daß wir den Brautstaat dort nach Bequemlichkeit schauen und mustern.

Schamhaft redete sie's, mit lüsternem Auge betrachtend.
Aber die Braut, ausgehend mit Hedewig und mit Susanna,
Trat in die Küch' und, gewendet im flatternden Scheine des Feuers,
Ließ sie die schöne Gestalt von Haupt zu Fuße bewundern
Mit handschlagendem Lob' und lächelte Dank zu dem Glückwunsch.
So in lautem Verein mit Hedewig sagte Susanna:

Das heißt Pracht! Ja wahrlich, die Himmelsbräut' und die Engel
Geh'n wol so, in Seide wie Schnee und grünendem Palmkranz!
So was Schmuckes verdiente der Bräutigam, stämmig und aufrecht,
Und mit Jedem gemein! Wenn den hochzeitliche Kleidung
Zierete, Manche vielleicht mißgönnt' ihn! Fromm wie ein Täuber
Gurrt um die Taub' er herum; das giebt gutartigen Anwuchs!

Jetzo begann wohlmeinend auch Hans den kräftigen Glückwunsch:
Jüngferchen, geb' Ihr Gott ein Gedeih'n, als gelt' es auf ewig!
Vorrath immer in Boden und Fach, und gestützete Baumfrucht,
Halme so dicht und so hoch, mit schwerabhangenden Aehren,
Glattes Vieh in die Weid' und den Hof voll kecken Geflügels,
Daß, wer vorbeigeht, gern mit Verwunderung weilet und anstaunt!
Aber zu allem ein Nest rothbackiger, wähliger Kinder,
Wie aus dem Teige gewälzt, und immer noch eins in der Wiege!

Schnell zur Mama nun wandte das Wort die blühende Jungfrau:
Mütterchen, denke daran, mein ehrlicher Hans und die Jungfern
Sind heut' Gäste bei mir, und am Hochzeitsschmause natürlich
Klingt's auf der wackeren Braut und des Bräutigams werthe
Gesundheit.

Freundlich erwiederte drauf die gute, verständige Hausfrau:
Picke die Krume für dich und laß dein Glucken, du Küchlein!
Brüte du selbst! Dann magst du ein Korn ausscharren und
verstreu'n!

Aber der ehrliche Hans antwortete, laut ausrufend:
Ja, heut' sind wir Gäste, Mama, wie geladene Sippschaft
Unserer guten Luis', und am Hochzeitsschmause natürlich
Klingt's auf der wackeren Braut und des Bräutigams werthe
Gesundheit!
Unsere Pferd' auch sollen mir heut' an der Krippe voll Hafers
Schwelgen, und unsere Küh' ungedroschener Garben sich weidlich
Sättigen; auch für Packan wird leckerer Bissen genug sein,
Daß wir All' uns freuen am Ehrentage der Jungfer!

Ihm antwortete drauf das rosenwangige Mägdlein:
Hänselchen, gieb mir die Hand, du bist mein ehrlicher Alter!
Salz und trockenes Brod von nun an theilen wir redlich!

Also sprach sie bewegt; da schlug den erschallenden Handschlag
Hans und umschloß treuherzig die zarte Hand mit dem Ausruf:

Jungfer, ich bin nur schlecht und gemein und verstehe den
Schick nicht;
Aber ich wollt' an das Ende der Welt durch Feuer und Wasser
Laufen für Sie! Gott lohn' es dem Jüngferchen, daß Sie so gut ist!

Kaum gesagt, da erschien, sein Mägdelein suchend, der Jüngling;
Und in die Thür' eintretend, begann er mit zürnendem Lächeln:

Was hat Hans mit der Jungfer zu thun? Ein tröstlicher Anblick!
Ziemt es sich, Hans, liebkosend mit Händedrücken und Aeugeln
Mir die Braut zu bethören, da wir nur eben getraut sind?

Ihm antwortete drauf die gute, verständige Hausfrau:
Hat Er nimmer gehört, Herr Bräutigam, daß man die Männer,
Welche dem Heerd' annah'n, mit dem Küchenschurze bekleidet?
Hurtig hinein mit der Dirne! Sie bringt mir den Hans so in
Aufruhr,
Daß nicht immer der Has' am Spieße mir geht, wie er sollte.
Aber du, ordne den Tisch, und spute dich, liebe Susanna!

Also gebot die Mama, und der Bräutigam gerne gehorchend,
Faßte die Braut in den Arm und küßte sie, eh' er hineinging.
Schnell auch folgte Susanna, Gedeck zu ordnen und Gläser
Kunstgerecht; dann trug sie hinein die dampfenden Schüsseln.
Aber nachdem sie Alles beschleuniget, kam auch die Mutter,
Roth im Gesicht von der Gluth, und nöthigte, also beginnend:

Euer Gespräch ist wichtig, mein Väterchen, aber ich stör' euch;
Denn schon warten die Fisch' und die hochzeitlichen Kartoffeln,

Schmalkost, ähnlich dem Ei, das die gnädige Gräfin sich ausbat!
Her aus der Ecke, Luis' und Amalia! Immer geplaudert,
Immer gelacht, wie die Kinder! Wohlan denn! Ist es gefällig?

Ihr antwortete drauf die biederherzige Gräfin:
Ländliches Ei und vergnügtes Gespräch, das hoff' ich allein hier,
Mütterchen; Brautschmaus sind' ich und Weide des Ohrs und des
Herzens.

Also redete Jen' und erstand vom schwellenden Sofa,
Sammt dem Papa, und All' um den Tisch her stellten sich schweigend.
Laut nun betetest du, ehrwürdiger Pfarrer von Grünau,
Weniges. Sie dann kamen und setzten sich, wie es die Mutter
Mit nachsinnendem Geist anordnete. Unter dem Spiegel
Saß zur Linken der Braut ihr Bräutigam, welches Gesetz längst
Von Urahninnen erbt' auf Ahninnen. Neben dem Jüngling
Saß die gnädige Gräfin und ihr zur Linken der Vater;
Aber der Braut zur Rechten Amalia, welche der Freundin
Nicht von der Seit' abwich; denn es drohete nahe die Trennung!
Weiter rechts an die schöne Amalia setzte die Mutter
Karl's treuherzigen Lehrer, und neben ihm wählte sie klüglich
Ihren Platz, wie des Mahls Vorlegerin, nahe dem Schenktisch,
Welcher mit Obst anlacht' und der purpurnen Kumme voll Bischofs.
Endlich der fröhliche Karl saß feierlich neben dem Vater,
Als sein schmeichelndes Kind, und der wohlfürsorgenden Hausfrau.
Also schmauseten Jen', in behaglicher Ruhe vereinigt,
Um den erleuchteten Tisch und tranken des köstlichen Bischofs,
Plauderten viel und lachten des Bräutigams, oft auch der Jungfrau.

Zweiter Gesang.

Dort in der reinlichen Stube, wo Tags und bei nächtlicher
Leuchtung
Arbeitsam das Gesinde verkehrete, saßen geschmückt nun
Hans und die treue Susanna mit Hedewig, fröhlich des Mahles
Und des Gesprächs; denn sie fei'rten des herzigen Jüngferchens
Hochzeit,
Ach der schönen Luise; denn nur beim Namen genannt sein
Wollte sie, schlecht und recht, in edler Bescheidenheit ehrvoll.
Auch des Bräutigams Tugend, des wohlansehnlichen Pfarrers,
Lobten sie, der bei Allen beliebt war, Hohen und Niedern,
Dankbar selbst für ein Kleines mit Wort und reicher Vergeltung;
Der, ein so junges Blut, so gelehrt schon und so erbaulich
Predigte, daß hell tönte die Ausred' auch in die Winkel.
Schnell hatt' ihnen Mama den gebratenen Schinken von Mittag
Aufgewärmt in der Pfann' und gewürzt mit kräftigen Zwiebeln,
Gutes Geleit der Kartoffel für Leckere! Weiter bewilligt
Hatte Mama großmüthig den Abhub, welchen Susanna
Trüge vom bräutlichen Tisch; und dabei hochschäumendes Festbier,
Noch von der Ernte gespart, und die lockende Flasche voll Bischofs.
Unter den Schmausenden sprach die gefällige, treue Susanna:

O gutherzige Frau, zu entschuldigen, was ja genug ist,
Mehr denn genug und zu viel, auch wol für vernünftige Herrschaft!
Eßt doch lustig und ehrt so viel und so köstliche Schüsseln!

Also die Magd; einstimmten die anderen Beide mit Lobspruch,
Hedewig auch in der That. Hans kostete nur; denn es wallt' ihm
Voll unruhiger Freude das Herz, und er konnte nicht essen.
Hastig verließ er den Stuhl und setzte die streifige Mütz' auf,
Die mit gezottelter Woll' ihm einhüllt' Ohren und Scheitel
Gegen den Herbstnachthauch, und dem Pflock enthob er die Leuchte
Von durchscheinendem Horn, die leuchtete, wann er des Abends

Drosch und Häckerling schnitt und den Pferden die Raufe voll
Heu trug.
Diese langt' er herab; der geöffneten dann in die Dille
Stellt' er den brennenden Stumpf und schloß die Thüre des Hornes.
Gegen ihn wandte sich jetzt die gefällige, treue Susanna:

Hans, so geeilt? Was willst du? Den Pferden ja brachtest du
Hafer
Reichlich zuvor, und schnittst ungedroschene Gerste den Rindern;
Auch Packan in dem Schauer zermalmt froh seine Bescherung,
Wie mit behaglichem Murren am Napf hier schmauset der Kater,
Daß wir All' uns freuen am Ehrentage der Jungfer.
Aber du siehst aus den Augen so grell, als hecktest du heimlich
Schalksstreich' unter der Kapp', Arglistiger! Her, an dem Bischof
Labe dich erst, und trinke des Brautpaars werthe Gesundheit.

Sprach's, und reichte das Glas ihm gefüllt dar; Alle zugleich nun
Klingten sie an, glückwünschend dem neuvermähleten Brautpaar:
Daß doch immer vergnügt in Einigkeit sie mit einander
Alterten, so wie vergnügt, was Gott schickt, nähmen die Eltern!
Hans nun, als er geleert, antwortete seiner Genossin:

Iß nur fort, Susanna, mit Hedewig; nehmt auch des Hasen
Saftigen Schenkel für euch. Denn schon von der Lustigkeit bin ich
Voll wie ein Ei und bedarf nichts Anderes. Aber den Bischof
Hebe doch auf, das ist ein gesundes und liebliches Tränklein!
Jetzo geh' ich zum Schmiede, dem Zauberer! Ob er nicht endlich
An die zerbrochene Lünse mir neu den Nagel geschweißt hat.
Ha, mich verdrießt, wenn Einem sein Wort nicht theuer wie
Gold ist!
Stoßt aus der Gilde hinaus wortbrüchige Meister des Handwerks!
Aber der Weg ist weit und holperig, daß man im Dunkeln
Wol der Leuchte bedarf; denn die Pflasterer haben ihn garstig
Aufgewühlt von der Schenke bis gegen den Hof des Verwalters.
Auch hat g'rade der Mond sich beurlaubt hinter den Schleßberg;
Bald wird, nach dem Kalender, sich halb anfüllen das Neulicht.

Also redete Hans; doch ein Anderes dacht' er im Herzen:
Hinzugehn und zu ordnen, daß schöne Musik bei der Hochzeit
Tönte der lieben Mamsell, die er oft auf den Armen geschaukelt.
Und er enteilt' aus der Thüre, gestützt vom knotigen Dornstab;
Ging an dem Schauer vorbei, wo Packan hochzeitliches Labsal
Malmte mit lautem Gekrach, und befahl ihm wachsame Klugheit;
Wandelte dann vorfühlend den Weg um die Mauer des Kirchhofs.

Als nun schien aus dem Hause des Organisten der Schimmer,
Hört' er den muthigen Hall fernher der Trompeten und Hörner
Und hellklingender Geigen, durchtönt von dem polternden Brummbaß.
Jener übt' an den Pulten die schwereren Tänz' und Sonaten,
Für das Vermählungsfest der Luis' im Schlosse der Gräfin,
Morgenden Tags, um gefällig dem Vater zu sein und dem Brautpaar;
Er und der treffliche Sohn, der jüngst aus der Fremde gekehrt war,
Nur zum Besuch, denn er dient' in der Schulzischen Kammerkapelle,
Benda's männlichem Tone geneigt, abhold dem Geschnurkel.
Auch der sinnige Schäfer begleitete, welchen in Wintern
Selbst er gelehrt ausbilden zur Tonkunst hellen Naturlaut,
Der aus Flöt' und Gesang um die Hürd' oft weckte den Nachhall;
Treu nun half er dem Lehrer bei Kirchenmusik und Gelagen.
Auch der Jäger mit drei tonkundigen Söhnen, gebürtig
Fern im Thüringerlande, wo jeglicher Bauer Musik weiß;
Und sein Jugendgenoß, der siebzigjährige Weber,
Welcher, wenn Noth eintrat, ihm gern aushalf mit dem Brummbaß,
Jugendlich froh der Musik, taktfest und von kräftigem Anstrich.
Hans nun klopft' an die Thür' und polterte, bis man geöffnet,
Eilete dann in die Stub' und ermahnete, deutend und nickend:

Still doch und hört, Kunstpfeifer, ihr Fiedeler und ihr Trompeter!
Packt nur ein! Die Mamsell ist getraut, und die gnädige Herrschaft
Speiset bei uns, zur Ehre des neuvermähleten Brautpaars.
Ah! Was schneiden die Herrn mir dort für lange Gesichter!
Husch, ging Alles vorbei; kaum Hand an das Werk und gethan
war's!
Hin ist die Braut, und wir haben das Nachsehn! Aber was dünkt euch,

Liebe Herrn, wenn ihr ihnen ein lustiges Stück zu der Mahlzeit
Dudeltet? Schöne Musik bringt Herz und Bein' in Bewegung!
Ohne Musik ist Schmaus, was die Glock' ist ohne den Klöppel!

Also Hans, und bestürzt in Verwunderung hielten die Männer.
Doch sie erwogen den Rath und billigten. Rasch sich erhebend,
Hielten sie, unter dem Arme die Instrument' und die Noten.
Und sie begleiteten Hans, der dem wankenden Greise den Brummbaß
Gern abnahm und, führend ihn selbst, auf höckrigem Steinweg
Durch kaltathmende Nacht mit trüber Leuchte voranging.

Dort nun schmauseten Jen', in behaglicher Ruhe vereinigt
Um den erleuchteten Tisch, und tranken des köstlichen Bischofs,
Plauderten viel und lachten des Bräutigams, oft auch der Jungfrau.
Unter den Fröhlichen jetzo begann der gemüthliche Vater:

Aergerlich, Sohn, wie beständig Sein Glas voll stehet, geleert nie!
Mutter, gebeut mit der Kell'! Er muß uns ehren den Bischof,
Weil aus der Bischofskumm' anhaucht bischöfliche Weisheit!
Merke sich wohl mein trauter Timotheus, was dem Verständniß
Jetzo die Kumm' einraunet: „Es sei untrsträflich ein Bischof,
„Eines Weibes Gemahl, gastfrei, doch mäßig und sittsam;
„Lehrhaft, aber gelinde; von Zanksucht fern und Gewinnsucht;
„Der auch dem eigenen Hauf' und den Seinigen wohl vorstehe,
„Dem auch gehorsame Kinder in Zucht und Ehrbarkeit aufblühn."
Also lautet der Spruch, der goldene! Welcher ihn ausübt,
Solcher frommt der Gemein' als lehrender Vater und Beispiel,
Gott wie dem Fürsten getreu und dem Staat in der Kirche beeidigt.
Rüstig begann mein trauter Timotheus, was der Beruf will;
Voll schon knospet der Busch, und die Zeit bringt Rosen, vertrau'n
wir.

Also der Greis, und trank ihm der kommenden Rosen Gedeih'n zu.
Rings auf der kommenden Rosen Gedeih'n scholl helles Geklingel
Und glückwünschender Ruf; auch Luis' und Amalia nippten
Jüngferlich, beide verschämt, mit gekünstelter Miene der Einfalt.

Aber das Mütterchen lachte geheim, zuwinkend der Gräfin,
Heischte die Gläser herbei ringsum und füllete wieder.

Jetzo begann zu dem Pfarrer die biederherzige Gräfin:
Worte der Weisheit, traun, und der Menschlichkeit sprach der Apostel,
Köstliche, goldner denn Gold! Schwer wird unsträflich ein Bischof,
Ist nicht Frau Bischöfin gesellt ihm. Dennoch erzählt man,
Daß manch geistlicher Herr eh'scheu in die Zelle sich einschließt.

Hierauf redetest du, ehrwürdiger Pfarrer von Grünau:
Gräfin, sie sind unschuldig, der Zell' einsiedelnde Väter,
Und, was gesagt der Apostel, zu thun, nicht störrischen Herzens.
Oftmals dauerte mich des Gewidmeten, der ungesegnet
Blieb vom Worte des Herrn: „Nicht gut, daß, also vereinsamt,
„Hülflos lebe der Mensch; ich schaff' ihm eine Gehülfin,
„Welche gesellt ihm lebe, des Manns gleichartige Männin."
Ja, tief dauerte mich, hülflos Einsiedelnde, eurer!
Ihr vom göttlichen Odem Beseeltere, reg' in Empfindung
Heiliger Triebe von Gott! Leidtragende, herzlichen Mitleids
Würdige, die nicht Gattin umarmt, noch schmeichelnder Anwachs,
Die nicht erbet ein Sohn, kein Töchterchen liebet, noch Eidam!
Strenge Gewalt einst übte der herrische Welthierarch aus;
Mehr schon giebt man dem Kaiser, was sein ist, Gotte, was Gottes.
Wem der Gebieter im Kranz ruhmvollerer Bürgererhaltung
Danken sie bald Theilnahme der Menschlichkeit und des Gemein=
         wohls,
Fest anhangend dem Staat durch Bande des Bluts und der Freund=
         schaft?
Ob zu Ertödtung der Lieb' und des vaterländischen Eifers
Auch ein Gelübb' unfromm sie verpflichtete, hehre Naturpflicht
Heischt sie zurück, und Gottes Gebot und seines Apostels,
Der, traun, nicht herzlose, der Welt absagende Mönchlein,
Nein, der menschliche Bürger zur Lehr' anordnete Bürgern,
Thätige, reinerem Licht nachstrebende Schärfer der Thatkraft!
Sohn, was dorrete, grünt, und die Zeit bringt Rosen auch hier einst.
Heb' Er das Glas! Herstellung der altbischöflichen Freiheit!

Ihm antwortete drauf der edle, bescheidene Walter:
Folgsam heb' ich, o Vater, den Trank bischöflicher Weisheit;
Denn unsträflich zu sein in Kirch' und Hause begehr' ich
Selber für mich, und wünsch' es auch Anderen meines Berufes.
O, wie der Duft mich beseelet mit Ahnungen heiterer Zukunft!
Einst wird Menschengefühl aus einsamer Zelle hervorgeh'n,
Hörend des goldenen Spruchs Aufruf und hehrer Naturpflicht.
Froh durch Weib und Geschlecht, mitbürgerlich unter den Bürgern,
Wird man frommen dem Volk als lehrender Vater und Beispiel;
Weil man wohl, wie dem Hause des Herrn, auch dem eigenen vorsteht.
Manchen redlichen Mönch, wie unseren Pfarrer von Grünau,
Wird ein redliches Weib, wird Töchterchen lieben und Eidam.

Also Vater und Sohn; dann klingten sie auf die Erlösung
Und auf frohe Vermählung der redlichen Zellenbewohner.

Jetzo redete drein die gute, verständige Hausfrau:
Spaß macht's, Männer zu schau'n in Begeisterung. Brauet den Eh'herrn
Bischof oder auch Punsch, und sie dünken sich, stracks zu verbessern
Alle Gebrechen der Welt, ja sie dünken sich Ordner des Hauses!
Schon aus dem Bischöflein weissagt der begeisternde Bischof;
Altklug, neben der Braut als Bräutigam, lehret er Weisheit!
Wohl vorstehen dem Hause? Der Mann soll's, aber das Weib thut's!
Haupt ist dem Weibe der Mann; das Weib ist aber des Mannes
Rechte Hand, oft wahrlich dem theueren Haupte der Kopf gar!

Also die Frau; ihr gab der gemüthliche Vater die Antwort:
Traun, du redest, Mama, nicht unwahr, nein, nach der Wahrheit,
Die längst Alte bekannt und Neuere. Aber bedenk' mir
Dein unschuldiges Kind und den trostlos horchenden Jüngling.
Wie er sein Loos verkostet mit unwillfährigem Lächeln!
Scheinherrschaft doch wolle dem Hausherrn gönnen die Hausfrau!

Leise dagegen begann die biederherzige Gräfin:
Noch ungekränkt ist völlig die Hausehr' unseres Neulings;

Denn die bald, nach der Regel, ihm Hausehr' ist und genannt wird,
Hörete nichts. Arglos mit Amalia schwatzte sie abwärts
Mädchengeschwätz. Nun starrt sie des Drilliches Muster vertieft an.

Sprach's, und wandte sich drauf zu der rosenwangigen Jungfrau:
Wie mir da schon wieder die kleine Luis' in Gedanken
Sitzt! Du scheinst wehmüthig, mein Töchterchen, daß unversehens
Dir dein böser Papa wegstürmt von dem Scheitel das Kränzlein,
Welches du Würdige trugst, wie ein Rosenmädchen, mit Anstand.
Oder bezähmt dir Schlummer vielleicht die verdrossenen Aeuglein?
Schäme dich, Kind! Ein Bräutchen von wohl vorsichtiger Klugheit,
Albernen Spott zu vermeiden der Lästerer, hält sich beständig
Munter und wach, wenngleich bis zur goldenen Frühe getanzt
wird,
Und der Musik Tonfall ihr die Seel' in sanfte Betäubung
Einwiegt. Böser Papa! Daß keine Musik bei der Hochzeit
Unserem Töchterchen tönt, wo zuletzt im stürmischen Kehraus
Weiber die Braut wegraffen, mit hellem Triumph sie entführend
In's kranzlose Gemach. Doch tröste dich, arme Luise!
Morgen im Prunkaufzug der Geladenen kommst du, des Eh'manns
Junge Frau, hochfestlich in unsere Wohnung zum Nachschmaus,
Froh hochzeitlichen Schmuckes, obgleich hinwelkte das Kränzlein.
Dann soll muthig die Geige mit Zink' und Trompete vorangeh'n,
Daß dir entzückt nachschau'n die Dörflinge rings vor den Häusern.
Auch soll allerlei Tanz, lärmvoll mit Trompeten und Pauken,
So einheimische Gäste, wie Fremdlinge, Städter und Landvolk,
Im weitschweifigen Saale belustigen; und wenn der Mond sinkt,
Flammen Raketen empor im Gehölz, und prasselnde Schwärmer.

Ihr antwortete drauf das rosenwangige Mägdlein:
Ich armseliges Kind! Mich verabsäumt Vater und Mutter!
Anderen wird ja vergönnt ein Abschiedsreigen mit Jungfrau'n,
Daß, wie berauscht von Musik, hintanz' aus der Freiheit ein Mägdlein
Zur Hausmütterlichkeit. Doch still hier schrei' ich und ernsthaft,
Als Frau Braut, in das Joch des gestreng haushaltenden Eh'herrn.
Morgen indeß wird heilen die mütterlich waltende Pathin,

Was sie vermag; nur forg' ich, die gnädige Pathin verzieht mich,
Gleich der verzogenen Tochter, die nur Muthwillen erdenket!

Und die gepriesene Gräfin Amalia sagte dagegen:
Ich, die verzogene Tochter, die nur Muthwillen erdenket,
Werde dir Ernst einschärfen, du Tänzerin! Morgen bestell' ich
Lauter gemächlichen Tanz, wie der Frau Bischöfin gemäß ist!
Erst Menuet, dann wol Saraband' und den Reigen der Polin!

Hierauf redetest du, ehrwürdiger Pfarrer von Grünau:
Fehle der Tanz, doch soll bei der Hochzeit Glanz und Gesang nicht
Unserem Töchterchen fehlen! Musik ist die Krone des Gastmahls!
Zauberisch dämpft die Musik Anfechtungen selber des Satans,
Lange Weil' und Geklätsch und Lästerung, leidigen Zwang auch;
Fröhlich stimmt sie das Herz und erhebt zu entschlossener Tugend.
Auf denn! Die Gläser gefüllt und laut zum krystallenen Kling=
klang
Angestimmt, wie die Muse der Tonkunst unserem Schulz ihn
Vorsang, jenen Gesang, den uns der eutinische Gastfreund
Dichtete. Rasch an's Klavier, Amalia! Wenn er im Frühling
Kommt, uns wieder Vereinte zu sehn hier oder in Selsorf,
Gieb ihm gerne, mein Kind, den bedungenen Kuß und noch einen.

Also der feurige Greis, und das Mütterchen füllte die Gläser
Allen umher; auch Luis' und Amalia reichten ihr Glas dar,
Weniges nur zu empfah'n. Dann huben sie froh den Gesang an,
Unter dem Schall des Klavier's; doch am jauchzenden Schlusse des
Liedes
Schwieg sein Getön, und es klingt' Amalia mit in den Glückwunsch.
Also floß harmonisch das Lied in Schulzischem Wohllaut:

  Wohl, wohl dem Manne für und für,
  Der bald sein Liebchen findet!
  Er findet großes Gut in ihr,
  Wie Salomon verkündet.
  Sie tröstet ihn mit Rath und That,
  Und streut ihm Rosen auf den Pfad.

Sie sucht des Mannes, wie sie kann,
Zu pflegen und zu warten;
Sie spinnt und näht für ihren Mann,
Bestellt ihm Haus und Garten,
Und scheuet weder Frost noch Gluth,
Beständig flink und wohlgemuth.

Sie sinnt und weiß, was Männchen liebt,
Und macht es ihm noch lieber;
Kommt auch einmal, was ihn betrübt,
Sie schwatzt es bald vorüber;
Nicht lange bleibt die Stirn' ihm kraus,
Das Liebchen sieht so freundlich aus.

Auch ungeschmückt ist Liebchen schön,
Des Mannes Augenweide;
Doch läßt sich Liebchen gerne sehn
Im wohlgewählten Kleide,
Und naht sich dann mit holdem Gruß
Und bringt ihm einen warmen Kuß.

Er dehnt sich nach des Tages Müh'n
In Liebchens weichem Bette;
Und Liebchen kommt und schmiegt an ihn
Sich fest wie eine Klette,
Und wünscht ihm küssend gute Nacht;
Auch fragt sie leis', ob Männchen wacht.

Wenn wild der Sturm in Bäumen saust,
Vom Dach der Regen prasselt,
Der Schornstein heult, die Woge braust
Und Hagelwetter rasselt;
An Liebchens Busen ruht er warm
Und lauscht dem Sturm in Liebchens Arm.

Auch stöhnt das Liebchen wol zur Zeit
Und nichts will ihr behagen,
Doch lacht sie seiner Aengstlichkeit
Und schämt sich, es zu sagen;
Sie wanket, ach, so müd' und schwer,
Auf ihren Mann gestützt, einher.

Bald legt sich Liebchen ganz vergnügt
Und läßt ihr Kindlein saugen!

Der Vater ehrbar sitzt und wiegt,
Beguckt ihm Nas' und Augen,
Und freut sich, daß der kleine Christ
Mama und ihm so ähnlich ist.

  Wohl dir, o Mann! Wohl, Liebchen, dir!
Wohl seid ihr euch begegnet!
Euch segne Gott vom Himmel hier,
Bis er euch droben segnet!
Klingt an, ihr Freund', und singet laut:
Es lebe Bräutigam und Braut!

Als nun rings im Gesang die krystallenen Klänge melodisch
Klingelten, plötzlich erscholl mit schmetterndem Hall vor dem Fenster
Geig' und Horn und Trompete zugleich und polternder Brummbaß,
Eine Sonat' abrauschend, im Sturz unbändigen, scharfen,
Jähen Getöns, als kracht' einschlagender Donner aus blauem
Himmel herab, als braust' in den splitternden Wald ein Orkan her;
Denn an dem Hofthor hatten die Musiker leise gestimmet,
Daß unversehns aufgellte zum Gruß ein beherztes Allegro,
Eingeübt, wie freier Erguß tonreicher Empfindung.
So wie der Tön' Aufruhr sich empörte, klirrten die Fenster
Ringsum, dröhnte die Stub' und summt' im Klaviere der Nach=
    klang.
Jen' um den Tisch frohlockten vor Lust, und Alle noch einmal
Klingten sie: Hoch, hoch lebe der Bräutigam! Lebe die Braut hoch!
Jauchzend umher in den Klang der Krystall', und der Töne Gerassel;
Doch vor Allen der Vater und sein laut brummendes Kelchglas
Jubelten, mehr aufregend den Sturm glückwünschenden Zurufs.
Jetzo redetest du, ehrwürdiger Pfarrer von Grünau:

  Ja, Gott segn' euch, Kinder, in Ewigkeit! Das war ein
      Glückwunsch!
Kräftig und laut aus dem Herzen, der, festlichem Glockengeläut
     gleich,
Ueber das Dorf hinschallt, wahrhaftiger als der Kanonen
Jubelgetön, wann winkte der Hofmarschall von dem Erker!
Das hat Hans mir gemacht, kein Anderer! Solcher Erfindung

Freut sich der Schalk! Wo ein Fest vorgeht, was Heimliches
bringt er
Stets mit veränderter List. Mein Töchterchen, klopf' an das Fenster,
Daß sie herein doch kommen; sie sind uns liebe Gesellschaft.

Jener sprach's, da enteilte das rosenwangige Mägdlein
Fröhlich, und klopft' an das Fenster mit Macht; stracks hielten die
Männer
Mitten im Takt, und lauschten, wie hold und freundlich sie einlud:

Dank, ihr Herrn, für die schöne Musik! Wie gerufen zum
Glückwunsch,

Kamt ihr, Kraft ihm zu geben und Nachdruck. Doch in der Herbstluft
Draußen zu stehn, ist hart für ein siebzigjähriges Alter.
Naßkalt haucht im Oktober der West, auch warmes Gewand durch=
Wehet er bis auf die Haut. Nur Jünglinge wagen zu fenstern
Dann mit Abendmusik, und der sturmverachtende Waidmann.
Kommt doch herein, ihr Herren, ihr seid uns liebe Gesellschaft!

Also Luis' anmuthig; und draußen gefiel, was sie sagte,
Allen, den Greisen sowohl, wie den Jünglingen. Jetzt mit einander
Lobend das schöne Gesicht, den melodischen Laut und den Anstand,
Gingen sie, und weissagten dem Bräutigam selige Zukunft:
Bildschön werde gepriesen Amalia, stehe sie einzeln;
Aber gesellt sei Luise die schönere sonder Vergleichung.
Also begann nun Mancher der tonverständigen Männer:

Wahrlich ein Engel von Weib! Wie grad' und behende! Wie
blühend
Unter dem Kranz! Es verjüngt wol greisendes Alter ihr Lächeln!

Wieder ein Anderer sprach der tonverständigen Männer:
Sage mir Einer hinfort, zur Harmonika klinge Gesang nicht!
Sänge die Kehl' in der Oper, sie trillerte Alles in Aufruhr!

Also redeten Jen', um das Haus sich wendend zur Thüre.
Hell schon leuchtet' entgegen das Mütterchen über die Hausflur
Aus der geöffneten Stub', und hieß willkommen die Herren
Musiker, die mit Geräusch anwandelten. Aber die Männer
Traten hinein und grüßten mit mancherlei scharrendem Bückling,
Segen und Heil anwünschend dem neuvermählten Brautpaar.
Hans auch folgte zugleich und trug schwerfällig den Brummbaß,
Schlau, mit verhaltener Lache, die streifige Mütz' in der Rechten.
Ernstlich redete jetzt der gemüthliche Vater im Straston:

Hans, du giebst ja den Leuten ein Aergerniß! Voller Ver=
wund'rung
Werden sie, alt und jung, aus den Wohnungen rennen und fragen:

Was für Lärm in dem Hofe des Pfarrherrn? Ist er so weltlich,
Daß er den Abend sogar vor dem Hochzeitstage die Tochter
Fiedelt zu Bett' und trompetet? Wie wird wol morgen gejubelt,
Wann sie im Kranze die Braut mit Musik hinführen zur Trauung!
Lauter gewiß als wann mit klingenden Sensen und Liedern
Wir nach der Ernt' hintragen den Kranz, dem Altare zum Festschmuck!
Doch gut war es gemeint; ich danke dir. Aber noch mehr euch
Sagen wir herzlichen Dank, willkommene Freund' und Gevattern,
Euerer Lieb' und Ehre. Wohlan! Flugs bringe Susanna
Gläser und Wein auf den Tisch; und Mütterchen macht es im Winkel
Dort ein wenig bequem für unsere liebe Gesellschaft.

Also der Greis; nichts redete Hans und lachte so schämig,
Eilete dann zu bestellen, und flugs bracht' Alles Susanna,
Honigkuchen dabei und Pfeffernüss' auf dem Teller,
Sprock und gewürzt; nie fehlt' unvermutheten Gästen ein Vorrath,
Stärkenden Trunk zu begleiten und bittere Magenerquickung,
Kam an stürmischem Morgen ein Hausfreund, oder im Nebel.
Weiter besann sich Mama des Geschenks von der neulichen Hochzeit,
Eilte zur Kammer hinaus und bracht' ein großes Gebacknes,
Butterkringel im Dorfe genannt, von der Thüringer Bretzel,
Groß und dick zum Erstaunen und wohl mit Rosinen gesättigt.
Sie nun füllte die Gläser umher und nöthigte freundlich:

Nehmt heut Abend vorlieb, willkommene Freund und Ge=
vattern;
Denn heut waltet bei uns recht eigentlich Polterabend.
Wie nun eure Musik einpolterte, gleich unversehens
Polterte Trauung daher und Brautmahl. Morgen, ja dann erst
Wird hochzeitlich geschmaust bei unserer gnädigen Gräfin.

Jetzo sprach zu dem Chore die biederherzige Gräfin:
Brav, daß ihr wackeren Männer bedacht seid, unserer Jungfrau
Hochzeitsfest, obgleich es unangekündiget einfiel,
Uns durch edle Musik zu verherrlichen. Ganz unerlaubt wär's,
Hätten wir solchen Kranz nicht einmal zu Grabe geläutet!

Ist doch wahrlich die Braut, (ich darf wol rühmen die Pathin,
Denn ihr Alle bezeugt es!) wie Wenige, züchtig und ehrbar;
Auch, so weit ich ihn kenne, der Bräutigam. Kinder, ich sag' euch,
Spielt, wenn ihr morgen sie bringt, den auserwähltesten Braut=
marsch!

Eiferig sagte dagegen des Chors tonkundiger Meister:
Gräfin, sie braucht kein Lob; wir kennen sie. Unserer Jungfrau
Ehre zu thun nach Vermögen, das stärkt und leichtet den Athem
Selbst engbrüstigen Greisen, und schmeidiget Finger und Arme!

Jener sprach's, und den Chor durchlief beifälliges Murmeln;
Alle zugleich dann nahmen ihr Glas und klingelten schweigend.
Aber Luise verstand, und neigte sich, nahte dem Tisch dann
Freundlich und füllte die Gläser den schwach abwehrenden Männern.
Auch der Bräutigam nahte mit Dank den Genossen der Tonkunst
Allen, dem Meister zuvor, und schüttelte traulich die Hand ihm.
Jetzo sprach der Papa zu dem siebzigjährigen Weber:

Vater, ihr hattet doch nicht Einwendungen wider die Hochzeit?
Jetzo kämt ihr zu spät. Mit Verwunderung sah ich ein paar Mal,
Wann ich meine Luis' abkündigte, wie ihr an euerm
Pfeiler die Mütz' abnahmt und die zitternden Hände mit Inbrunst
Faltetet. Schien es doch fast, ihr nähm't an dem Töchterchen Antheil.

Ihm antwortete drauf der Alte mit blühendem Haupthaar:
Herr, nicht trüg' ich mit Ehren ein graues Haar auf dem Scheitel,
Wenn mein Herz so versteckt nicht Antheil nähm' an der Jungfrau,
Welche bei Gott und Menschen beliebt ist, schon von der Kindheit!
Fragt nur, wer euch begegnet, im Dorf; ihr sollt euch verwundern,
Was man euch Alles erzählt von dem Jüngferchen: wie sie gefällig
Ueberall mit den Frohen sich freut, mit den Traurigen trauert;
Wie sie des Dorfs Jungfrau'n unvermerkt, als muntre Gespielin,
Führet zu Handarbeit und Sittigkeit; wie sie ohn' Aufsehn
Dürftige speiset und tränkt, wie Nackende wärmt und bekleidet,
Arm' und verwaisete Kinder zur Schul' anhält und versorget,

Kluge Verwalterin stets der geheim zufließenden Wohlthat,
Die nicht uns zu erforschen vergönnt ist, aber die Gott kennt;
Wie sie das Lager der Kranken besucht mit Trost und Erquickung;
Herr, und den heimlichen Armen, den kläglichsten! Wie sie ihn ausforscht
Und Barmherzigkeit übt, daß Einer nicht weiß, wo es herkommt!
Kaum, daß sie selber es weiß! Vollbrachte sie eben ein Stückchen,
Daß auch die Engel sich freu'n, dann gehet sie mir nichts, dir nichts,
Ruhigen Gang, und scheint nur ein hübsches und lustiges Mägdlein!
Nun der Alles vergilt, er vergelt' ihr's immer und ewig!
Sichtbar bauet der Herr ihr das Haus und Segen der Eltern;
Daß so ein frommer Gemahl sie heimführt, welcher gewiß ihr
Stets mit Vernunft beiwohnt, nie bitter ist, noch sie verschüchtert,
Eine Seele mit ihr! ein anderer Pfarrer von Grünau!
Euch wird morgen das Dorf schon kundthun, ob wir die Heirath,
Oeffentlich oder geheim, mißbilligen! Jüngst in Gemeinheit
Ward ihr Ehre beschlossen, der wahrhaft ehrsamen Jungfrau,
Dem gleichartigen Kinde des Pfarrherrn! Ihr zum Geschenk bringt
Jeglicher, was er vermag: wer Land hat, Garten= und Feldfrucht;
Und wer Vieh, von der Heerd' Einkunft; weß Hände geschickt sind,
Allerlei gutes Geräth von Eisen und Holz für den neuen
Haushalt; selbst ich Stümper das meinige; Mädchen des Dorfs auch
Zinsen von Handarbeit, nicht ohne Gesang, wie es munkelt.
Eigene Fuhr' ist dem Allen bestellt, mit stattlichem Vorspann.
Wann sie bald der Gemahl durch grüßende Häuser in Seldorf
Heimführt, folgt ihr das Ehrengeschenk, mit Tannen gekränzet,
Unter dem Peitschengeknalle des Jünglinges, welcher gewählt ward,
Lenker zu sein, Goldflitter am Hut und wehende Bänder,
Daß sie vergnügt antret' im entlegenen Gute die Wirthschaft,
Und der Verlaß'nen auch fern sich erinnere. Nehmt es nicht ungut,
Herr: wir lieben euch sehr, nicht weniger aber die Tochter!

Also sagte der Greis mit kräftiger Stimme des Herzens,
Innig bewegt, und es bebte die Thrän' an den grauenden Wimpern.
Ernsthaft nahm er das Glas, und: Freud' an der Tochter den Eltern!

Trank er; zugleich ihm tranken die Anderen. Aber die Jungfrau
That, als hörte sie nicht; und, gewandt ihr erröthendes Antlitz,
Sprach sie ein albernes Wort zu Amalia, lachte dann laut auf.
Mütterchen saß tiefsinnig, Vergangenheit denkend und Zukunft:
Wie ‚glückselig ſſie war mit dem Töchterchen, und wie hinfort ihr
Oede das Haus sein würd' und das Dorf, und sie wischte die
Thrän' ab.
Doch es bezwang sich der Vater und sprach in kräftigem Ausruf:

Ungut könnt' ich es nehmen mit Fug wol euch und der Dorf=
schaft,
Daß ihr, wie mich, werth achtet ein Dingelchen, welches nur tändelt,
Ob auch einst sie mitunter was taugt, hintändelte blindlings,
Ohne Bewußt, wie etwa die fröhliche Laune sie ankam.
Aber sie stahl mir das Herz; ich verzeih' euch. Wenn er Geduld hat,
Wird ihr Mann in der Folge sie witzigen. Gerne vertrau'n wir
Solchem das Kind, ausstattend mit Ehr' und Segen der Wirth=
schaft.

Jetzo trat an den Tisch Amalia leichteren Ganges,
Neigete sich und begann zu des Chors tonkundigen Männern:

Löbliche Musiker ihr, doch sehr unlöbliche Trinker,
Her mit dem Glas'! Einschenken und nöthigen muß ich nach
Amtspflicht.
Denn ich rühme mich hier Brautjungfer zu sein der Luise,
Deren Gehör ihr kränktet. Da sitzt mein Bräutchen und schämt sich!

Jene sprach's, und der Weber mit Heftigkeit rief ihr die Ant
wort:
Gräfin, wer kann da helfen? Wenn ihr Jungfrauen das Herz uns
Regt, wir platzen heraus und loben gerad' in das Antlitz,
Was lobwürdig erscheint! Dann schäme sich, wer es verdient hat!

Also der Greis, und den Chor durchlief beifälliges Murmeln;
Alle zugleich dann nahmen ihr Glas und klingelten rufend:

Daß die Verwalterin lebe geheim zufließender Wohlthat,
Die nicht uns zu erforschen vergönnt ist, aber die Gott kennt!

Als sich der Organist mit den Seinigen jetzo gelabet,
Theilt' er die Stimmen umher; und auf einmal flossen harmonisch
Liebliche Saitentöne zu wollustathmender Flöten
Süßem Gesang' und dem Laute des sanft einhallenden Waldhorns.
Wie im blumigen Mai, wann die Abende heiter und lau sind,
Spät in die Nacht auf den Bänken am Eingang Männer und
Weiber
Lauschen den Zwillingstönen des Waldhorns, welche vom See her
Aus umschweifendem Kahn durch Silberwellen im Mondschein,
Mit dem Geröchel des Sumpfs und bräutlichen Nachtigallliedern,
Nah' und entfernt anweh'n, daß leis' antwortet der Buchhain:
Also lauschte mit Lust die Versammlung; denn voll Anmuth
Halleten unter dem Stimmengeräusch Wohllaute des Waldhorns,
Lieblich gedämpft von zween tonkundigen Söhnen des Jägers.
Jetzo gellt' auch Hoboengetön, als töneten Sänger
Herzlichen Laut, abschwächend und bald anschwellend den Athem
Bis zum Triumphausruf; den gemessenen Gang der Empfindung
Führte das ernste Fagott, von rauschenden Saiten umjubelt.
Einzeln erhub sich darauf des Organisten berühmter,
Vielgewanderter Sohn; denn Mannheim, Wien und Venedig
Hatt' er besucht, und Manches gehört und behalten, was gut war,
Und nun dient' er mit Lob in der Schulzischen Kammerkapelle.
Dieser entlockte gemach der Cremonageige melodisch
Rieselndes Silbergetön, das oft in gezogener Seufzer
Weicheren Laut hinschmolz; ihm schlug des Klaviers Generalbaß
Karl's treuherziger Lehrer geschickt; rings horchten sie schweigend,
Selbst die Genossen der Kunst, wie klar ihm die Tön' und gerundet
Rolleten unter dem Bogen, wie voll einschmeichelnder Wehmuth.
Wieder von Sait' und Hauche vereiniget, scholl der Gesammtchor,
Stürmischen Halls. Ein Jubel der Feierlichkeit und Entzückung,
Als ob, wonnebeseelt, durch keimende Schöpfungen zahllos
Morgenstern' anhüben das Dreimalheilig im Chorpsalm,
Und in des strömenden Lichts Umkreis bis zum nachtenden Chaos

Rauscht' ätherischer Lüfte gesammt mitklingende Wallung:
Dreimal heilig! empor, dreimal hochheilig! dem Urlicht!
Dir, Allmächtiger, dir, unerforschlicher Vater des Weltalls!
Schmachtender dann im Lispel der Zärtlichkeit floß Melodie her,
Gleich sanftwehendem Engelgesang, als Liebe zuerst ward,
Als nur ahnete Liebe der Mann, und die bräutliche Männin
Sich und die Rosen im Quell anlächelte. Häufig und vielfach
Wechselnde Weisen des Klangs wetteiferten, andre mit andern;
Vielgewandt, tiefströmend ergoß sich der lebende Wohllaut:
Donnerte halb graunhaft, wie gestad'anklimmende Brandung
Braust im Orkan, wann krachen die Kiel', und strandender Männer
Nothschuß hallt, und Geschrei in dem Wogentumult fern hinstirbt;
Bald wie gezwängt Bergfluth im Geklüft weint, weinte der Tonfall
Unruhvoll, langsam Mißkläng' auflösend in Einklang;
Wallete dann wie ein Bach, der über geglättete Kiesel
Rinnt durch blumiges Gras und Umschattungen, wo sich die Hirtin
Gerne zum Ausruh'n legt und im Halbtraum horcht dem Gemurmel.
Jetzo sprach der Papa zu des Chors tonkundigem Meister:

Bravo! Hier ist Kraft in dem Satz und, lieber Gevatter,
Auch in dem Vortrag Kraft! Wir hangen noch steif an der alten
Kernmusik und glauben, Musik sei Sprache des Herzens,
So wie ein Geist voll zarter Gefühl', unkundig des Wortes,
Durch des Gesangs Ausdruck und vielfach schwebenden Tongang
Gott anstaunt, und die schöne Natur in Lieb' und Entzückung
Ausströmt, klagt und erschrickt und zu dauerndem Muth sich
emporhebt.
Auch ist Jedem, der fühlt, die Herzenssprache verständlich:
Stimme von Gott, wie Donner und Sturm, wie, wann auf den
Wassern
Geht die Stimme des Herrn, und lind im Gesäusel des Frühlings;
Und wie die Rede des Thiers tonreich, des gebietenden Löwen
Machtausruf in der Wüst', und des hoch obwaltenden Adlers,
Oder der Milchkuh Muttergetön', und der freundlichen Hündin,
Liebender Tauben Gesenfz', und der Gluck' anlockendes Schmeicheln.
Auch, als Stimme von Gott, unwandelbar tönt sie, des Herzens

Wahre Musik, einhellig an Wohlklang stets und Bewegung,
Ewiger Laut der Natur durch Land' und Zeiten und Völker,
Nur in bescheidenem Schmuck veränderlich: nicht wie des Putzes
Eigensinn, den wir gestern bewunderten, morgen verabscheu'n;
Oder die Aftermusik, die mit üppigem Modegeklimper
Sinnlos kälbernden Tanz nachhüpft und verwegenen Bockssprung.
Aber so laut das Gefühl in Stimm' und Tönen uns anspricht,
Hallt's doch lauter in's Herz und erschütternder, wenn des Gesanges
Wort einstimmt, die eig'ne vertrauliche Sprache der Menschen.
Auf denn! Gebt mir ein Lied zur Veränderung, etwa von Händel,
Gluck, und Emanuel Bach, Reichhardt, und dem trefflichen Meister
Schulz, dem Luther noch selbst nachsäng' an der Orgel mit
Andacht.
Singt den erhabenen Chor der Athalia: Laut durch die Welten
Tönt! Und: Ich danke Gott! Und die Waldserenad', und das
Tischlied.

Also sagte der Greis und die Andern folgten ihm willig.
Als sie nunmehr vollstimmig den Chor mit voller Begleitung
Endigten, jetzo erhob sich die gute, verständige Hausfrau,
Ging, und neigend das Haupt an die blühende Wange der Tochter,
Sagte sie leis' in's Ohr, doch so, daß die Anderen hörten:

Nicht zu heiß dich gesungen, mein Töchterchen! Alles mit Maße!
Warn' ich immer umsonst, und zumal bei den Schulzischen Liedern.
Brennt doch schon dein liebes Gesicht mir die Wange wie Feuer.
Allzu hitziges Mädchen! Es möcht' am Schlafe dich hindern!
Dann sind trüb am Morgen die schelmischen Aeugelein, dann sind
Lipp' und Wange verblüht, dann giebt's Nachfrag' und Bedauern!
Jetzo schmück' ich dir sauber das Brautbett. Bin ich denn artig?

Leis' antwortete drauf das rosenwangige Mägdlein:
Mütterchen! — senkte den Blick und wandt' ihr liebliches Antlitz,
Feuerroth; und sie lachten des hold erröthenden Mägdleins,
Alle, das Mütterchen auch, und der Bräutigam neckte sie heimlich.
Lächelnd ging die Mama und rief der treuen Susanna:

Laß die Teller nur stehn, auch Hedewig wäscht sie allein wol.
Komm' du, liebe Susanna, und leuchte mir. Siehe, wie vornehm
Dort mein Kater am Heerde herumschwänzt! Habt ihr nach
Würd' ihn
Heute versorgt? und den guten Packan, der draußen so kläglich
Knurrt im Schauer und heult? Ihm gefällt wol unsre Musik nicht.
Komm', und hilf mir bereiten das Brautbett unserer Tochter.

Also rief die Mama; und sogleich, ablegend das Vortuch,
Folgete willig die Magd und trug den eisernen Leuchter.
Jetzo ging in die Flur vornhin die verständige Hausfrau,
Zum nußbaumenen Schranke, dem stattlichen, welcher mit Leinwand
Hausgesponnenen Garns und zarterer Webe des Auslands,
Voll von unten bis oben gedrängt war; diesem enthob sie
Feinere Laken und Bühren, die glatt von der Mangel und schneeweiß
Schimmerten, wählte mit ernstem Bedacht, und sprach vor sich selber.
Hierauf stieg sie empor zur düsteren Kammer voll Hausraths,
Die dort unter dem Namen der Polterkammer berühmt ist;
Dann, nachdem sie den Schlüssel gewählt im Gebunde der Wirth=
schaft,
Oeffnete sie vorschauend und trat vor die eichene Lade,
Die, von den Ahnen geerbt, mit alterthümlichem Schnitzwerk
Prangete, groß und geräumig, erlesener Betten Behältniß.
Vorn, da dem Schlosse das Licht annahete, zeigte sich Jakob
Hell, wie er Rahel umarmte, die Schäferin, und wie die Männer
Stauneten; neben dem Vorn, in des schattigen Baumes Umwölbung,
Stand ein Lamm auf dem Stein, und es drängte sich trinkend die
Heerde.
Auf nun schloß sie die Lad' und enthob das köstliche Bettzeug,
Lange gespart für die Braut, das die Magd mit Bewunderung ansah;
Untergebett und Pfühle, gestopft mit lebenden Federn;
Auch feinbarchene Kissen mit Schwanflaum; dann auch die Decke,
Die von elastischen Dunen des polannistenden Eiders
Luftig empor aus der Enge sich bläbete. Aber Susanna
Reichte das Licht, und trug die schwellenden Betten geschäftig
Hin zur Kammer der Braut; ihr folgete leuchtend die Mutter.

Als nun weich und sauber das Hochzeitsbette geschmückt war,
Unter dem Bogengestell mit purpurseidenem Umhang,
Und zwei trauliche Kissen sich lilienweiß an einander
Dehneten, lilienweiß auch die luftige Decke emporschwoll;
Jetzo brachte Mama den stattlichen Bräutigamsschlafrock,
Fein von Kattun, kleeroth, mit farbigen Blumen gesprenkelt;
Brachte von Saffian dann hochzeitliche grüne Pantoffeln,
Jedem ein Paar, und stellte die prunkenden neben einander;
Bracht' auch Haub' und Leibchen mit rosenfarbenen Bändern;
Brachte die Mütze sodann, die batistene, welche, mit rothem,
Flammig gekräuseltem Band und dem Quast von Kanten gezieret,
Urgroßväterlich strotzt'; und das Mütterchen lachte behaglich.
Jetzt mit trockenem Tone befahl sie der treuen Susanna:

Flugs die Karaffe mit Wasser gefüllt und die mächtige Buttel,
Daß vor dem Schlaf sich völlig der Bräutigam kühle vom Bischof.
Zünd' auch ein Paar Wachslichter ihm an. Ihm zu dämpfen die Unruh,
Will ich die Pfeif' herlegen und was sonst wünschet ein Raucher;
Auch zur Belustigung noch dies Buch von Garten= und Baumzucht,
Aufgeklappt, das der Vater dem Eidam schenkte zum Hausbuch.

Ihr antwortete drauf die gefällige, treue Susanna:
Frau, das nimmt er für Spaß; mir wenigstens dünket es seltsam!
Muß denn ein geistlicher Herr rastlos kopfbrechen und grübeln?
Weg mir! Lieber ein Mann, der brav arbeitet, und brav dann
Ausruht, und sich erquickt, und der Frau was Tröstliches vorsagt!

Ernsthaft sagte darauf die gute, verständige Hausfrau:
Thue das Deinige flink, und laß ankommen, was ankommt.
Nicht nur weltliche Herrn, auch geistliche lieben das Ausruh'n.

Also Mama; da merkte die Magd, und rasch mit Gelächter
Ging sie die Treppe hinab, zu beschleunigen Wasser und Leuchtung.
Still nun dachte die Mutter des schicksalkeimenden Abends,
Da ihr eigener Nam' hinschwand in den Namen des Mannes,

Voll wehmüthiger Freud'; und dem Töchterchen Segen erflehend,
Ging sie die Treppe hinab und kam zu der lieben Gesellschaft.
Stracks mit lächelndem Munde zum Bräutigam trat sie, der singend
Stand am Klavier mit der Braut und Amalia; bald da das Chorlied
Endigte, legte sie ihm sanftklopfend die Hand auf die Achsel,
Und wie er halb das Gesicht umwendete, sagte sie flüsternd:

Jetzt, mein Sohn, nach Belieben; das Brautbett haben wir fertig.
Also Mama; und beide gehörlos thaten die Jungfrauen.
Aber mit Nichten verdroß es den Bräutigam; froh in Bestürzung
Drückt' er die Hand der lieben Mama, und sie küßten sich herzhaft.
Schnell zu dem Pfarrer begann die biederherzige Gräfin:

Vater, sie halten da Rath um das Töchterchen! Wo du mir
durchgebist,
Kleine Luis'! Erst knirt man herum und wünscht der Gesellschaft
Gute Nacht, freimüthig, und nicht so bang' und erröthend.
Halte sie fest am Aermel, Amalia! Morgen gehört sie
Euch Jungfrauen nicht mehr, nein, uns großherzigen Weibern:
Denn aus der Jungfrau Blum ist flugs Frau Walter gezeitigt,
Hochehrwürdige Gattin des geistlichen Herren in Seldorf!
Ausgespielt dann hat mit Amalia meine Luise!
Wenige Strahlen annoch jungfräulicher Lustigkeit flimmern
Matt von dem Hochzeitstanz in die Flitterwoche hinüber;
Bald wird weder gehüpft noch gelacht; bald schreiten wir ehrbar
Nach hausfräulicher Art; bald wird vom bedauernden Eh'mann
Heimlich die Wiege bestellt; bald singen wir: Eyo Popeyo!
Seht, wie das schelmische Bräutchen da hohnlacht unter dem Kränzlein,
Nieder die Augen gesenkt! Was? Unholdselige Pathin,
Trotzest du, weil jetzt eben im Dorf mit dem Horne der Wächter
Zwölf abruft und der Wagen am Thor schon mahnet zum Aufbruch?

Ihr antwortete drauf die rosenwangige Jungfrau:
Was mir unter den Frauen bevorsteht morgen und künftig,
Soll mich fürwahr nicht schrecken! Getrost mit fröhlichem Leichtsinn
Hüpf' ich hindurch und liebe dereinst auch Scherze mit Jungfrauen,
So wie es mir anerbte Mama und die gnädige Pathin.

Also Luis', und zärtlich umschlang ihr den Nacken die Mutter,
Küßt' ihr holdes Gesicht und hielt in den Armen sie sprachlos.
Hierauf redetest du, ehrwürdiger Pfarrer von Grünau:

Hurtig noch Eins! Vollauf bis zum obersten Rande die Gläser!
Hoch dann lebe die Braut und der Bräutigam! Alle geklingt mir!
Alle mit voller Musik! daß nicht in der bräutlichen Kammer
Hämisch ein Nachtkobold sie beleidige, oder Asmodi!

Sprach's, und winkte zur Seite den Bräutigam; dieser verstand ihn.
Aber da rings die Krystalle mit hellem Gekling' zu einander
Klingelten, rings in den Klang machtvoll aufjauchzender Glückwunsch:
Hoch, hoch lebe die Braut und der Bräutigam! laut wie Triumphton
Tönte; da Geig' und Trompet' und Horn und der polternde
Brummbaß
Wild mit betäubendem Hall einschmetterten: rasch in dem Aufruhr
Flog mit der Braut aus der Thüre der Bräutigam; lautes Gelächter
Schallte den Fliehenden nach, und Händeklatschen und Jubeln.